# 格局进化

王吉鹏◎著

中国人民大学出版社
·北 京·

# 序

我们现在都在谈大众创业，万众创新，也就是“双创”，其实，创业也好，创新也罢，都是需要基础、需要本钱的，要有能力储备，管理能力就是其中一项重要的能力储备。我们不像国外那样分工明确，国外如果你有技术想创业，就有风投来投资，然后去市场选职业经理人来管理。这种分工在国内不是很明显，在国内，创业者一般是有技术，一冲动就创业去了，既是老板，又是技术人员、财务人员、营销人员，还是人力资源经理，在这种情况下创业者就需要具备管理素质。

管理素质的提升有两个渠道，直接经验和间接经验。直接经验就是你自己去摸爬滚打，间接经验就是去书本上学或者请教别人，本书是介于直接经验和间接经验之间的。我积累了几十年，把我的感受分享给大家，让更多的人可以有选择地吸收和借鉴，多好！而且我本人就是职场菜鸟打工仔开始，从基层到中层再到高管，做到集团总裁，然后创业自己做老板，自己一层层的进阶都经历了，格局慢慢进化，我始终是场上的运动员，而不是观众。

我们现在的企业大部分都是野蛮生长的，原来的经济形势好，大部分都能存活，能发展，一些还成了风口上“飞上天的猪”；现在新常态了，考验企业的系统能力了，原来重经营轻管理的风气必须扭转，不能用经营能力和经营业绩来替代管理能力，已经到了需要系统补短板的时候了，管理能力就是主要的短板之一。我不但要出《格局进化》这本书，还要不断地出书，给大家分享，因为我还在做咨询，我每天都在吸收别人的经验和教训，按照我们仁达方略管理咨询公司的使命传播这些先进的管理思想、实用的管理技术给大家，帮企业和企业人补短板。

现在很多管理传播方式，包括顾问也好，讲座也好，图书、培训也好，有几个“化”我觉得需要去面对和改变。

第一个就是片段化，断章取义，“企业要成本低、效率高，要以人为本”云云，听着都很好，但都是片段化的。系统看，这里有好多“扣”、好多逻辑要去解决，片面地讲没有什么意义，有时候还很有害。

第二个就是鸡汤化，弄一些哲理语言去替代管理技术，例如学国学什么的。不是说这些没有用，而是你必须达到一定程度，你的管理基础比如基本管理理念、基础管理制度、组织架构、适当的管理人员都有了以后，你才能去玩一些艺术。连科学基础都没有，上来就玩艺术，打太极，把企业给弄得一头雾水。

第三个就是洋化的趋势仍然存在，崇洋媚外，拿来很多国外的东西。“橘生淮南则为橘，生于淮北则为枳”，淮南的橘子移种到淮北，就结不出甜美多汁的果实；同样道理，国外的一些管理理论用到国内就未必适合。我们不能总是“拿来主义”，置中国管理实践于不顾，言必称微软、苹果、丰田。它们有长处，我们要学，但是中国企业的生存环境和发展路径有很多独特性，要有本土化的东西，寻找适合的管理方法论尤为重要。

第四个就是想象化，或者可以叫象牙塔化，构造了一个环境推理了一个模型就觉得了不得，哪有这么做企业的？比如说今年“两会”，一个央企集团老总向李克强总理诉苦，说他们在全国有 760 多家空壳公司，为什么呢？比如，到郑州投标，郑州的人说了，你在我这里没有法人企业，没有资格投标，所以你只能在郑州开个公司才能参与竞标。这就是中国，别想象化。我记得当年写了一部书稿找人大的某教授给我看，他看完了之后，慷慨激昂地给我说了半天，然后我说你给我讲的这些对企业有什么作用呢，结果他特别经典地回了句“那我就不管了”。

上面谈了谈管理，接下来我们谈谈格局。有这样一句谚语：再大的烙饼也大不过烙它的锅。这句话的哲理是：你可以烙出大饼来，但是你烙出的饼再大，它也得受烙它的那口锅的限制。我们所希望的未来就好像这张大饼一样，是否能烙出满意的“大饼”，取决于烙它的那口“锅”——这就是所谓的“格局”。

什么是格局？格局就是指一个人的眼光、胸襟、胆识等心理要素的内在布局。一个人的发展往往受局限，其实“局限”就是格局太小，为其所限。谋大事者必先布大局，对于人生这盘棋来说，我们首先要学习的不是技巧，而是布局。大格局，即以大视角切入人生，力求站得更高、看得更远、做得更大。大格局决定着事情发展的方向，掌控了大格局，也就掌控了局势。

一个人格局大了，未来的路才能宽！如果把人生当作一盘棋，那么人生的结局就由这盘棋的格局决定。想要赢得人生这盘棋的胜利，关键在于把握住棋局。在人与人的对弈中，舍卒保车、飞象跳马……种种棋招就如人生中的每一次博弈，棋局的赢家往往是那些有着先予后取的度量、统筹全局的高度、运筹帷幄而决胜千里的方略与气势的棋手。

为何要有大的格局？在今天这个知识不断更新的世界里，我们在不断刷新自己的知识结构，有一点最重要，就是尽量酝酿一种大胸怀。大境界才能有大胸怀，大格局才能有大作为。

成功者运气的背后隐藏着大格局。拥有怎样的格局，就拥有怎样的命运！拥有大格局者，有开阔的心胸，不会因环境的不利而妄自菲薄，更不会因能力的不足而自暴自弃。格局狭小者，往往会因为生活的不如意而怨天尤人，因为一点小的挫折就一筹莫展，看待问题的时候常常一叶障目不见泰山，成为碌碌无为的人。

大格局有大方向，不因为外界压力而改变，不追求违背客观规律的速成。痛苦和迷茫，往往是因为方向不明。挫折是人生的必然过程，别把自己定位在失败者的位置上。失败者往往是被自己打倒的，输得起才能赢得起，对可能出现的问题做好准备。

大格局有大器量，不被琐屑小事牵绊。器量大小决定事业的大小。用人可用之处，不求全责备。别让猜疑毁了你的人生，原谅别人其实就是放过自己。宽广的心胸稀释人生痛苦，看淡名利得失，保持平常心，坦然面对生活。

大格局有大志向，每一天都是一个进步的过程。没有比人更高的山，没有比脚更长的路。

定位高的人不会让自己得过且过，不仅胸怀大志，还会从点滴做起。为了明天的成功，耐住今天的寂寞，集中精力支配自己的时间。

曾国藩在谈到如何将事业做大时有这样一句名言："谋大事者首重格局。"大格局是一种智慧，大智若愚；大格局是一种境界，大勇若怯；大格局是一种深度，大音希声；大格局是一种品性，大巧若拙；大格局是一种姿态，大象无形。有大格局的人，自然就会拥有一种开阔的精神气象，这就是成功者的气场。人生有很多的不确定性，什么样的格局决定什么样的人生。大格局成就一个人的坚韧和智慧，既可以入世去担当责任，也可以平静地面对自己内心的躁动。如此，什么样的诱惑和险阻之坎都可以平安渡过，最终以顶天立地的人格力量打开一片新的天地。

写下这篇序言的时候，北京已是深秋，五彩斑斓。阳光照进办公室，温暖惬意。我在用文字跟大家交心，感觉就如秋日阳光。祝愿大家学到管理真谛，真正把握企业生存发展规律，进化格局，创业的能成功，经营的能发展，企业越来越好，社会越来越好，人生越来越好！

王吉鹏

# 目录

Contents


**初入职场　/ 1**

避开职场致命弱点 / 3

先讲条件还是先投入？ / 5

天上不会掉馅饼，掉了也落不到你嘴里/ 7

提升自己的简单方法/ 10

不怕慢，就怕站/ 13

细节的威力/ 16

“不服输”是成功的催化剂/ 19

成长 = 生存 + 发展/ 21

忍耐是人生的必修课/ 23

分成三六九等的是权限而不是人格/ 26

客户面前的自尊和中立性/ 28

不要把别人的好视为理所当然/ 30

不要为没有发生的事情而焦虑/ 32

保持一颗平常心/ 34

十年河东，十年河西，但老理儿不变/ 36

要大气/ 38

要练口才/ 41
要默契/ 43
有理不在声高/ 45
让领导画圈，而不是填空/ 47
不要低估别人的智力和能力/ 49
正面回答问题/ 51
努力，可能不成功；不努力，一定不可能成功/ 53

**职场中坚　/ 57**

为什么要理解老板？/ 59
千万不要“纵容”上司/ 61
为什么要让老板做“好”人，中层做“坏”人？/ 64
千万不要认为上司比你傻/ 66
尝试说“这事我来负责”/ 68
认真能把事做对，用心能把事做好/ 71
只要合理，怎样变动都可以/ 73
上侵下职要不得/ 76
别越位，也别被“造越位”/ 78
什么时候该睁一只眼闭一只眼？/ 82
别人对你的印象，取决于你自己展示的形象/ 84
来说是非者，必是是非人/ 87
不要撒谎，更不要揣着糊涂装明白/ 89
6+18 可以等于 1 吗？/ 91
别让自己的头脑成为别人思想的跑马场/ 94
总有先知先觉者、后知后觉者和不知不觉者/ 96
资历重不重要？/ 98
观念转变/ 100
强调事情要可控/ 102

不要限于局部/ 104
崇尚简单，尊重多元/ 106
形式为内容服务/ 108
守时，但不要期望别人也守时/ 110
对事不对人/ 112
直面问题/ 115
好记性比不过烂笔头/ 117
节俭不是小气，小气未必不好/ 119
离开后应该如何评价前公司？ / 122
创新无所不在/ 123

**企业舵手　/ 125**

如果没有做大的心态，肯定做不大/ 129
不是不会做，而是没有想到，没有首先做到/ 132
要对新事物敏感/ 135
不是揣到兜里的才是钱/ 138
预则立，不预则废/ 140
要敢赌/ 142
要冷静/ 144
承认世界的多样性：什么人都有，什么事都可能发生/ 146
鳄鱼法则/ 148
失败是进行时/ 153
物极必反/ 155
田忌赛马跟管理是相通的/ 157
指地不打粮，指儿不养娘/ 159
有些事并不像它看上去那样/ 161
做生意不等于做企业，发财不等于发展/ 163
企业发展辩证法/ 166

做产业还是搞投资？ / 171
买两厘米的钻头，实际是要两厘米的孔/ 174
要成就目标还是要体积目标？ / 177
孤独是一种力量/ 179
慎选合作伙伴/ 181
对标、借鉴和自己的节奏/ 184
吃别人的堑，长自己的智/ 186
怎么看“救人于危难”？ / 188
分清立场冲突和利益冲突/ 190
只要不要命，都好商量/ 192
避免想在先，做在后，起大早，赶晚集/ 194
事必躬亲危害甚大/ 196
做要事，而不是急事/ 199
一分钱难倒英雄汉/ 201
坚守正确的价值观/ 203
不要用黑白道的规矩去解决商业中的冲突/ 205
要懂法/ 206
企业最终是社会的/ 208

**后记　/ 210**

# 初入职场

从前我们去上班，父母总是嘱咐：在单位要勤快点，多听领导的话，尊重老同志，早点儿去别迟到……而兄弟姐妹经常交流工作的经验，哪怕不在同一个单位、同一个行业工作的，也没准会交流一些投机取巧的经验。过去，单位对新人也是呵护照顾有加，活儿不会干有人教你干，出错了会宽容对待，实习一年结束了还会颁发一个红本本代表转正了，颇有仪式感。这些都是社会的教化功能。

如今这些社会教化都消失了，取而代之的是对职场新人寄予无限的期望。很多所谓的职场教父给职场新人跟打了鸡血似的说："你是最棒的！""你是唯一的！""你可以改变世界！"如果一个清华或北大的学生进了单位，大家都会抱着一种"我看你怎么干"的态度，整个职场环境就不和谐了，菜鸟不认为自己是菜鸟，别人也不把你当菜鸟，期望很高，也不甚宽容。实际新人就是一个初入职场的菜鸟，人情世故、企业伦理根本不知道，盲人瞎马，胡冲乱撞。

企业内部本身都有企业文化，甚至还有公司政治存在。企业文化和公司政治你怎么适应？所以应该去获得一些这方面的信息和知识。比如，“让领导画圈，不要让领导填空”，这些都是需要学的。通过学习，可以让职场新人避免很多不必要的代价，有时甚至是血的代价。我有一个大学本科同学，当年分到一个特别好的单位，工作一个月因为不适应，竟离家出走，人生就此拐弯，这就是典型的职场不适应造成的。

我和几位志同道合的朋友，曾经想在各大学开办讲座，为即将进入职场的应届毕业生讲授企业是怎么运作的，大集团是什么样的架构体系，有些什么工作规则，等等，打算每人只象征性地收 100 元钱，北京 30 多所高校立马积极回应，可惜教育部不允许，说免费可以考虑。这就勉为其难了，我们可以义务讲，问题是帮我们联络组织的人怎么办呢？最后就只能是尽社会义务，勉力为之，能讲一场是一场，影响力甚微。

现在已是移动互联时代了，技术发达，资讯传播迅速而广泛，可惜我那帮同仁早就兴趣分散，难成合流。我这些年又时间金贵，连为学生讲座的时间都难得有，只有积聚零散的时间，积少成多，凝成文字，与大家共同分享，一起进步。些微文字，也许可以帮助菜鸟实现职场上的晋升和成长，从刚进入职场时的懵懵懂懂，到后来处理工作中的游刃有余；从刚入职的心高气傲，到遍尝酸甜苦辣后的虚怀若谷；从参加入职培训时的“呆头鹅”，到带领团队克服困难独当一面的“领头羊”……我们期许并祝愿大家获得职场上的格局进化，但不是让大家学厚黑学，变成职场“老炮儿”。

最后祝愿每个人都能海阔凭鱼跃，天高任鸟飞。

# 避开职场致命弱点

“泛而杂”在职场中是一个致命的弱点。优秀的员工是那些集中精力、锲而不舍的人，他们一锤又一锤地敲打着同一个地方，直到实现自己的愿望为止。在激烈的职场竞争中，如果你能在一个目标上集中注意力，便会很快做出成绩，脱颖而出。世界上成千上万的失败者，并不是因为他们没有才能，也不是因为他们没有决心，而是由于他们不肯集中精力的缘故。

在这个世界上，谁也不是超人，我们必须学会聚焦，将事情一件件处理，这样虽然表面上看起来慢，但这种慢，其实就是快。无论什么人，假若他一开始就能善用他的精力，确定主意以后，立刻按照事先确定的目标循序渐进，不使它分散，那么他就有成功的希望。

职场中那些取得成功的人，不仅养成了集中精力工作的习惯，而且还把集中精力工作看成是自己的使命。有一个精干的职业经理，在某个时期，同时接到两个其他公司的聘书，因为钦佩他的才干，聘请他去担任经理职务，可是他却都回绝了。一些关心他的朋友问他，为什么不愿意接受别的公司的聘请。他们认为他有能力身兼多职。他是这样回答的：“我因为不愿把自己的精力分散，使各方面都受到损失。”

一个人的精力是有限的，把有限的精力分散到几件事情上不是明智的选择。企业也是如此，现在流行的“专业化”“聚焦战略”等就是这种观点的应用。乔布斯致力于生产苹果手机，这为他赚进了数不清的金钱，也开创了手机数码新时代。所有出类拔萃的人往往都把某一个明确的目标当作他们努力的主要推动力。在进行工作时，应该集中精力于当前正在处理的事情。如果注意力分散，头脑不是在考虑当前的事情，而是想着其他事情的话，工作效率就会大打折扣。即使事情再多，也要一件一件进行，做完一件事情就了结一件事情。全神贯注于正在做的事情，集中精力处理完毕后，再把注意力转向其他事情，着手进行下一项工作。

张女士在出版社从事校对工作，她曾为自己定下一条原则：除非有特殊紧急事件，否则就要全身心地投入到校对工作中去。她将所有的精神集中在一件事上，即创造一个有创意与高效率的工作环境。换句话说，一坐到桌前，她就不再想别的事，哪怕手中的书稿校对到只剩最后一页，她也绝不去想下一部书稿的事。没多久，张女士就发现，她的这条原则能让她专心致志地去做事，而且很少感到校对是一件枯燥无味的工作。她甚至发现一个小时的专心工作，抵得上一整天被干扰工作的成果。

当你集中精力于眼前的工作时，你会发现自己受益匪浅——你的工作压力会减轻，做事不再毛毛躁躁、风风火火。工作精力的集中，还能激发你更热爱公司，更热爱自己的工作，并从工作中体会到更多的乐趣。

# 先讲条件还是先投入？

许多经理人经常犯一种错误，先讲条件，后投入。TCL 的李东生在吴士宏离开以后说：我们有的管理者，在对企业没有任何奉献的情况下，就跟我谈期权和高薪酬；现在反思，我们的文化是不容许的。我们的很多人就是不明白这一点。人才到底值多少钱？人才不是相面相出来的，而是干出来的。

1981 年 3 月 7 日，李嘉诚接受香港电台节目“珠玑集”访问。在访问中，李嘉诚表白他之所以能视刻苦为乐事，主要是来自一份全情投入的心。李嘉诚认为，成就事业的关键就是培养自己对所从事的行业的兴趣。有了兴趣就会全心全意地投入，保持这样的心情，做一件事就没有困难可言了。做哪行就要培养出哪一行的兴趣。否则，要成功，要出人头地是很难的。李嘉诚自己就有这样的一个特点，他对每一件正在做的事情都投入极大的热情，绝不肯马马虎虎，敷衍了事。因此，李嘉诚才会成为华人首富，才能领导有上千亿港元资产的和记黄埔集团。

不仅李嘉诚是如此，几乎每个取得成功的人都是如此。比尔·盖茨曾经对人们谈起，回顾过去辉煌的财富成就，他最大的遗憾是：除了事业外，他竟然没有任何的兴趣。像他这样的人倾注了太多时间与精力在他们关注的事物上，对他们来说，这不是牺牲而是乐趣。

最近有个人来我这儿应聘，他说，低于多少钱就不来了。开什么玩笑，你在我这一天都没干，我怎么知道你值这个钱？你可以按我的薪酬体系先进来，工作一段时间后你可以提出薪酬体系不符合你的要求，这可以，而不是这个薪酬数量不符合你的要求。先投入，再谈条件。老板是一个群体，没有哪个老板会先和你讲条件，再谈投入的。加薪不是用嘴巴争取来的，是通过自己努力争取来的。我在公司经常说，你为仁达方略做得越多，仁达方略也能为你做得越多。

卡耐基说："人生的最大生活价值，就是努力工作。"做同一件事，有人觉得有意义，有人觉得没意义，其中有天壤之别。做不感兴趣的事所感觉的痛苦，仿佛置身于地狱牢笼。而做感兴趣的事则不然。爱迪生曾说："在我的一生中，从未感觉在工作，一切都是对我的安慰。"要做到对工作的投入，首先你必须培养对工作的兴趣。有了兴趣，你自然就能做到全力投入了。远大空调的老总张跃说："作为领导者，千万不要认为除了工作以外还有更好的快乐形式。"真是可敬又可怜，可敬的是一种精神，一种敬业精神；可怜的是一个群体，企业家群体。

对每个人来说，信仰或许就是努力，再努力：哪怕身处绝境，也可从中汲取力量，背水一战、百折不挠。

# 天上不会掉馅饼，掉了也落不到你嘴里

天上不会掉馅饼，说的是要努力，不要有不切实际的想法。有些人很努力，但是有很不切实际的目标，比如说想当美国总统，那不是扯淡，可能吗？要努力，但目标要实际。天上不会掉馅饼，就是掉了也不会落到你嘴里。我是学统计学的，我从来不去买彩票或抽奖，统计学上的小概率事件一般是不可能发生的。

现在提倡大众创业，万众创新，这个大背景搞得好多人都热血沸腾，这个事我来泼瓢冷水，对很多人来说等待他的很可能就是“杯具”。身边这种案例实在是太多了，就我自己所了解的，从仁达方略管理咨询公司走出去创办咨询公司的就有九家，这意味着我的手下出去跟我干同样的事情。但他们的公司全都“死”掉了，他们只看到了我赚钱，看到了咨询行业赚钱，这都是事实，然后就去自立门户，结果却悲剧了。他们以为天上会掉馅饼，这行业这么简单，门槛这么低，拿个项目就可以几十万、上百万，然后就可以很长时间优哉游哉。有可能这个行业还真是天上掉馅饼了，但是它没有掉到你嘴里，掉到我嘴里了。只看到表面是不行的，还有很多人做互联网创业，人有志向我不反对，但是必须要理性。社会是有分工的，人有所不同，环境有所不同，机遇就有所不同，必须承认这一点，在承认这一点的基础上去努力，而不是带着一大堆不切实际的梦去不断地遭受挫折和失败，这就太可惜了。

然而，也不是说就消极下去，好像命运都安排好了，不用再去奋斗，而是要去分析你的企业的核心竞争能力。个人也是一样，首先要分析个人的核心竞争能力，然后分析你所从事行业的关键成功要素，两者一对照，你就知道自己是不是适合在这个行业发展。

比如说我现在想搞培训，我得分析我有什么资格做培训。我形象还行，口才还可以，方言不是很重，我饱读诗书，假如我还做过相关的训练，我可以做培训。得把这些与培训师的要求比对起来看。

你有核心能力，并不代表你能发财，还要看这个行业的关键成功要素是什么。关于这一点，很多企业做战略，存在盲目操作的问题，分析完了自身的能力，然后就进行战略规划，你规划个啥，你光有能力有什么用啊。这一点非常关键，一定要分析核心竞争力和关键成功要素，然后才有成功的可能。

有很多人异想天开，很不成熟，幼稚。明摆着赚钱的项目是轮不到你的，前面一万个人盯着。只有那种费力、有可能赔钱的项目才可能轮到你。

有一句流行语："梦想还是要有的，万一实现了呢"。理想梦想幻想我们不去批评和嘲笑，哪个是理想哪个是梦想哪个是幻想，没有既定的标准，全凭个人感受。甭管哪种“想”，要准备付出与之相应的汗水泪水心血。如果你认为天上掉馅饼的事情有，掉到你嘴里的可能性也有，那你就等着吧！吾生也有涯，以有涯之生命去等馅饼掉嘴里的小概率事件，不是傻子是什么？我们可以立志做无限大无限美味的馅饼，备料，制作，其间可能有无限艰辛，无穷困难，但是行动了就有吃到嘴的可能性，不做，没有可能性。

努力不一定成功，不努力一定不成功。比别人更努力，然后找一群努力的人一起工作。如果没有成功，是你没有找到成功的方法，事实上还是不够努力。积累，一件又一件小事去积累，直到有一天，你会惊讶地发现，自己是一个多么了不起的人。

# 提升自己的简单方法

人都是有惰性的。许多人在空闲的时候，虚度光阴，不做事，或者不做正事，或者只做有损无益的事。但要想成功，就得想方设法提升自己。提升自己的方法其实很简单，就是“勤奋好学”四个字。有人认为利用闲暇的时间来读书，总得不到多大的成绩，其成绩总不能与学校教育相等，因而不想在闲暇时读书。这种想法是极其错误的。你不见有很多人，就是因为利用了零星闲暇的时间而获得了媲美甚至超过学校教育的提升吗？

当然好学并不只是读书，但是在现在这个互联网时代，各种知识都已经碎片化了，读书成了一件很高贵的事，我们原来讲开卷有益，书中自有黄金屋，书中自有颜如玉，但是说是这么说，如果你不读，不多读，不深读，读了既不消化又不转化，你就体会不到这两句话的妙处。林语堂说：“读书的意义是使人较谦虚，较通达，不固陋，不偏执。读书不仅能够让我们掌握一定的专业技能，更重要的是，能从其中看到解决各种各样的人生问题的方向。人终其一生，无非就是在不断探知自己的人生到底应当有什么样的意义而已。”孟德斯鸠说：“喜欢读书，就等于把生活中寂寞的辰光换成巨大享受的时刻。”但现实社会中，总是有不少人得过且过，不思进取。很多人碰到问题喜欢含含糊糊，不求甚解，或被表面所迷惑。这都是因为他们内心缺少勤奋好学的内在动力。

做好随时清空自己以便学习新知识的准备。这句话是告诉那些转行的职场人的。虽然每个门类都相通，但清空上一个地方学到的东西，让自己从低姿态做起，你会更容易学到和补充到新知识，换了一个门类和领域之后，完全以新人的面貌去做事情，把自己清零，更容易找到定位。社会本身就是一所大学校，要尽可能地学习进步，像海绵吸水一样，勤奋的人好学的人成功的概率大，生活美好的可能性高。

还有，领导没有教导你的义务，所以想方设法让别人更多地教你，那才是你的本事。

坦白说，新人来了就是干活，帮领导分担工作。做事是肯定必要的。领导为了让你做的事情能多快好省，可能会交代你一些流程或经验。但是他能不能和你分享更多，取决于你的工作成绩和态度，以及你怎么对他。因为他没必要教你，而且教会徒弟饿死师傅这样的事情不少，他凭什么教你？浅薄的讨好固然受用，但不会太奏效。大家都是老油条，还能败给你这种小伎俩？所以真心对他人是必要也是根本的。上班做下属，用不着学费，好歹也要一点人情投资，不是么？

一张纸，反复折叠 30 次，多高呢，10 公里以上，高过珠穆朗玛峰；一封信抄 40 遍，6 次以上就可以覆盖全球面积的 60%。有一句谚语说，能登上金字塔的生物只有两种：鹰和蜗牛。虽然我们不能人人都像雄鹰一样一飞冲天，但我们至少可以像蜗牛那样凭着自己的耐力默默前行。

作家格拉德威尔在《异类》一书中指出："人们眼中的天才之所以卓越非凡，并非天资超人一等，而是付出了持续不断的努力。1 万小时的锤炼是任何人从平凡变成超凡的必要条件。"他将此称为"一万小时定律"。要成为某个领域的专家，需要 1 万小时，按比例计算就是，如果每天工作 8 个小时，一周工作 5 天，那么成为某个领域的专家至少需要 5 年。这就是一万小时定律。

人们都羡慕那些成就非凡的弄潮儿，可是有没有想过，他们其实大多数也和我们一样是平常人，其所以能脱颖而出，就是因为他们有超人的耐心和毅力，肯花一万个小时甚至更多的时间来学习、训练和积累，水滴石穿，终成正果。如果你也想像那些杰出人物一样出类拔萃，就先别埋怨自己没有机会，不逢贵人，怀才不遇，而是先问问自己功夫下得够不够，有没有付出过一万个小时的努力。无数事实证明，一个人只要不是太笨，太不开窍，有这一万个小时的苦练打底，即使成不了大师、巨匠，至少也会成为本行业一个具有丰富经验的专家，一个对社会有用的人。但是要成为你想成为的人，就必须走上这条路。而在成功的诸多要素中，唯一能为我们所掌控的，恐怕也就是这一万个小时了。

# 不怕慢，就怕站

大事是怎么成的？远大的志向是怎么实现的？

什么是大事？有些人总是哀叹自己起点低，资源少，觉得伟大离自己很远。其实，真的很远吗？

古训有云，千里之行始于足下，不怕慢，就怕站，就是说我们要不断地行动，慢慢地去积累。坐而论道，那是扯淡。不断行动，才会有结果。不要一味空谈，要脚踏实地地行动起来。成都双流机场有一个广告牌，上面写着这样两句话“行者常至，为者常成”。

但是，盲目行动容易犯错误，只顾埋头拉车，不管抬头看路，很容易南辕北辙。比如，仁达方略作为一家咨询公司，我们现在要拓展一个新的行业市场，比如说电力市场。一说市场拓展，很多人就一头雾水，怎么拓展呢？老虎吃天，感觉无从下口。我们也曾经出现过这样的情况，以前我们拓展一个新的行业，我们一个销售部门的主管，上来就直接给人家的人力资源部门打电话，要去拓展市场，结果没有成功。如果换成我去做这个事情的话，我会一边思考一边行动，首先收集重点客户名录，怎么分类的，有哪几大企业，然后我会思考重点用什么产品去对接不同的企业。比如说发电企业，我去给人做运营改善；供电企业，去做服务提升；电力辅助企业，去做战略规划；大家共同的需要去做集团管控或者企业文化。我先分类，然后进行具体的研讨，结合它们自身的情况、政策的导向、竞争的情况，把这些动作一气呵成地连接起来，这样方向、目的、手段、路径、目标都非常清楚了，就有可能成功。既没有站在那不动，也没有“大跃进”，一猛子一猛子的，头脑发热地去做一些事情，既有理性又有建设性。

积累，积累，再积累，直到有一天，你会惊讶到发现，自己是个多么了不起的人。比如雷锋，他并没有做什么惊天动地的大事，但他珍惜每一件小事，把每一件小事当作大事来看待，倾注全部的生命和热情，帮工地上的人推下车，扶大妈过个马路，几块钱几块钱的捐助比自己更困难的人，都是涓滴细流，却成就了江海。谁又会怀疑他的伟大呢？又比如写书，我原来一直感到忙，也确实忙，没时间写。直到有一次和一个同学聊天，他建议我有空就写一篇文章，慢慢积累，文章多了，自然就成了书。到目前为止，我自己写的专著已经出版 50 多本了。我出差经常抓住几分钟的时间看书，日积月累，很多大部头书也就看完了。

有这样一则故事：唐太宗贞观年间，在一个磨坊里，有一匹马和一头驴成了好朋友，马在外面拉货，驴在磨坊里拉磨。有一天，唐僧要到天竺取经，选中了这匹马，于是这匹马就随唐僧一起西游天竺，驮回了真经，回来后，这匹马向昔日的好友驴讲述了一路上的美丽风景和奇文趣事，这头驴好生羡慕。这匹马说：事实上，我和你都在一刻不停地走着一样远的路，所不同的是，我和师傅确定了远大的目标，并坚定地走下去，而你只是在磨坊里被蒙住了眼睛。

坐而论道和起而行之是相辅相成的。古训有云：不积跬步无以至千里。我是这么理解的：志向高远就是设定千里为目标，积累跬步就是达成目标的具体行动，没有目标的跬步就是磨坊拉磨的驴，一直没闲着一直在走但是原地不动，有了取经的目标再加上跬步，就能成就千里之行，完成西行的壮举。

成功并不需要你知道多少，而在于你做了多少，所有的知识、计划、心态都要付诸行动。不管你现在决定做什么事情，设定了多少目标，你一定要行动。我们不要学老虎吃天，无从下口。要注重积少成多，集腋成裘。积极行动起来，你就能不断进步，进而获得成功。退一步讲，无论目标能否实现，我们的人生都将变得充满活力！

# 细节的威力

海尔张瑞敏曾经说："什么是不简单？把每一件简单的事情做好就是不简单。什么是不平凡？把每一件平凡的事情做好就是不平凡。"一个人的价值不是以数量，而是以他的深度来衡量的。成功人士的共同特点就是，能做小事情，能够抓住生活中的一些细节。

一个年轻人从农村来到城市打工，不久因为工作勤奋，老板将一个小公司交给他打点。他将这个小公司管理得井然有序，业绩直线上升。有一个外商听说后，想同他谈一个合作项目。当谈判结束后，这位年轻人邀请外商共进晚餐。晚餐很简单，几个盘子吃得干干净净，只剩下两只小笼包子。这位年轻人要求服务员给他打包带走。外商当即站起来表示第二天就与他签合同。因为将吃剩下的两只小笼包子带走这样的细节感动了外商，从而顺利赢得合同，由此可见细节的威力。

我到过很多企业。有的企业吹嘘自己的员工多么敬业，或者纪律多么严明等等。那好，我在下班前站在厂门口，观察。下班铃声一响，如果员工立刻鱼贯而出，那么敬业、严明之类的话就是谎言。因为你至少得换工装吧，所以铃响后过几分钟再鱼贯而出才是正常的。

要想工作成绩超越一般人，应学会在细节处下工夫。在工作中，一定要细致深入，不可以轻易放弃任何一个细节。对细节必须保持一贯的关注，这样才能把事情做好。做事的标准，就是在细节上追求完美。

当年钢铁大王洛克菲勒下去视察，一群工人都在认真地干活，然后洛克菲勒要在他们中间提拔一个做主管，当时就定下了一个穿红衣服的人，这群人里面就一个穿红衣服的，这是不是细节，我们也说不清楚，但是你可以去体会其中的意思。

在日本东京有一家外贸公司与美国一家公司有贸易往来。美国公司的经理经常需要购买去东京的火车票。很快，这位经理发现：每次去神户时，座位总在右边窗口，返回时又总在左边窗口，就总能看到富士山。这位经理就问日本公司的购票人员其中的缘故，购票人员说，车去神户时，富士山在您的右边；返回东京时，富士山在您的左边。我了解到您非常喜欢富士山的美丽景色，所以特意为您安排了不同的座位。

我当年到某著名的一个烟草企业竞标，竞争很激烈，我那天系了一条红色的领带，后来对方在评标的时候这条领带成了得分点之一。为什么？因为去之前我详细了解了这家企业的情况，他们的企业文化核心是“激情文化”，所以我就特意扎了一条红色的领带。他们也关注到了这一点，说，“看来仁达方略对我们企业研究得深，了解得多，而且认同我们的激情文化，所以才会有这样的装束”，这就是当时的评语。这就是细节，细节不好把握，需要我们努力。如果养成把握细节的习惯，这个人一定会很了不起，无论他做什么，成功的概率都要远远大于别人。

# “不服输”是成功的催化剂

人不可无志，男人不可无大志。无名草木年年发，不信男儿一世穷。当然我们不会仅限于金钱和物质的获取，别把穷就理解为物质缺乏，我们要有远大的人生目标。我们必须培养坚强的特质，要有不服输的精神。世事变换，大家要努力，不要等着天上掉馅饼。这是辨证的两点，一要努力，二要有精神。我是农村孩子，但是我不服输，敢闯，不信就能把自己饿死了。

2010 年我在公司专门做了一次演讲，我就提到了人不可无志，男人不可无大志，这是我大哥在我很小的时候讲的，然后我就阐述了我本人这么多年的人生体验以及我对公司各位同事的期望和祝愿。第二天公司的网络管理员就提出了辞职，走之前特地来找我，说王总你昨天的演讲对我触动太大了，让我重新思考了人生，也重新规划了人生方向，所以我辞职。我当时非常高兴，至少他的某些意识被唤醒了，他的人生从此会与众不同，

磨难是英雄和强者的财富。近于绝望的境地最能激发人潜藏的力量，没有这种经历，人们便难以显露真正的力量。“比赛没有结束，哪怕还有最后一秒钟，战斗就没有停止！”这是 NBA 球员经

常挂在嘴边的一句话。绝不言败绝非一句口号，而是植根于内心的一种信念和品质，是百折不挠、始终坚守的一个信条，是在任何情境、遭遇下对任何打击绝不言败的韧性，是必须实实在在、毫不含糊贯彻落实的行动，是企业中没有任何东西可以替代的制胜文化。

很多人都把自己所取得的成就归功于生理的障碍和奋斗的苦难。有人说，如果没有那障碍与苦难的刺激，他们也许只会发掘他们 1% 的才能，足够的刺激可以使这一比例扩大 5 倍以上。苦难或者挫折其实是一笔财富，只要我们拥有不服输的精神，它们迟早会变为成功的催化剂。

但是，不服输并不是让我们去嫉妒他人的成功。嫉妒是一种不良心理，我们可以采取有效的措施加以克制和避免。首先，多想别人，特别是那些容易招致嫉妒的成功人士的优点。其次，用好习惯代替坏习惯，用善良的字眼代替恶毒的字眼。最后，设想自己应该做什么，而不是别人应该做什么。如果别人获得的成就当之无愧，就想想怎样才能使自己也和他们一样，而不是嫉妒他们已取得的成就。很多人做企业，老想着把对手折腾成什么什么样儿，让人家不好，人家不好了难道你就好了？这是混蛋逻辑。做企业就是把自己做好了，要“同向为竟”，不要“相向为争”（“同向为竟，相向为争”是前商业部部长胡平先生的语录）。

我们要相信，谁都有机会，就看你会不会把握，能不能把握。临渊羡鱼，不如退而结网。

# 成长 = 生存 + 发展

成长是什么意思？我是这样理解的：成长 = 生存 + 发展。成长首先必须保证你能长期生存下来，然后在此基础上不断发展，这才是成长的真实含义。企业应该像小孩子一样，要身心健康，要德智体美劳均衡，要有固定的伙伴并不断增加，要有创新和尝试，要不断学习，等等，这样才能健康成长。企业也是如此。

我一直喜欢算大账。比如，20 万元的人民币，每年百分之二十几增长，五十年之后，会是多少？五十年之后我有 20 个亿，是一万倍。同样，还有一个计算：中国每年增长 8%，一百年之后会是什么样？应该是接近一千倍。200 年会怎样？ 300 年会怎样？大家去算，会是 10 亿倍左右。如果每年 8％的速度，今天一栋大楼到那时变成十亿栋，一条高速公路会变成 10 亿条，大家说巨大不巨大？所以稳就是大，要算大账。做企业一定要学会算大账，这样你才能让企业不断成长，实现长寿的目的，而不是蹦跶几天就完蛋了。

公司要发展，你个人也要成长。公司面临新的环境在不断成长，个人如果抱残守缺，不能及时学习和适应新的变化，就会跟不上企业的发展步伐。老总往往站在比较高的角度，能看到常人所看不到的，这时候中层就要及时跟上，带动底下员工及时跟上，否则就会被淘汰。

所谓学习就是给你更多犯错的机会。学多了自然就会了。错多了，被骂多了，自然就长了记性。被骂了，第二天还能坦然笑出来；被训斥了，第二天还能毫无芥蒂地一如既往，这就是所谓的新人压力。没有人的成长是顺顺利利的，除了领导是你爹，其他人没义务帮你擦屁股。如果领导已经帮你擦了，那你让他骂两句不是也应该么?

有一次我去参加一个科研单位的年会，他们的老总有一个比喻，我印象非常深刻。他说一张 A4 纸对折 28 下你知道有多高吗?答案是高度超过了珠穆朗玛峰。所以它对成长的启发是非常深的：第一就是你要有成长的意愿，很多人在职场中浑浑噩噩的，混日子；第二就是你要善于寻找成长的路径；第三就是你要敢于创新和突破；第四就是你要善于积累，要有持之以恒的耐心和毅力。你坚持做下去，你就会完全不同。

很多领导都会问新人目标，大多数都没啥谱，一些二货会很自负地说我的目标就是坐你的位置，意气风发，也算是不错的。其实有没有目标并不重要，目标可以慢慢找，但是撑过试用期，留下来，活下来，才是最重要的。你不重视工作，工作也不会重视你。

# 忍耐是人生的必修课

有人向某单位举荐某人，该单位主管问：他有耐性吗？他坚韧吗？这才是最重要的，是终生都要回答的。当“智慧”已经失败，“天才”无能为力，“机智”与“手腕”已经败走，其他各种能力都已束手无策、宣告绝望的时候，走来一个“忍耐”。由于忍耐的坚持之功，成功是得到了，不可能的成为可能了，事业就做成了。

忍耐在人生的课程中扮演着什么样的角色呢？难道就是被别人骂时你听着，被别人打时你挺着，被别人侵犯你的名誉时你不理会吗？忍耐到底是什么？在别人都已停止前进时，你仍然坚持努力前行，在别人都已失望放弃时，你仍然坚持，这就是忍耐。忍耐的能力，不以喜怒善恶改变其行动的能力。小平同志当年三起三落，这是何等的耐力。

毛竹头五年都不长，过了五年以后每天长将近一米，长成修竹茂林，因为它用五年的时间在那扎根，长根系，通过耐力获得合适的时间、条件、能力、资源，然后厚积薄发。

成功者与失败者并没有多大的区别，只不过是失败者走了九十九步，而成功者多走了最后一步；失败者跌倒的次数比成功者多一次，成功者站起来的次数比失败者多一次。

忍耐是人生的必修课。做人要忍耐一生，有的人一辈子到死这门功课也不及格。韩信甘愿受胯下之辱，为什么？因为韩信是这样想的：我是立志干大事的，我不能一时冲动，毁了自己的壮志雄心，现在我是可以一剑杀掉这个人，可我也会因此获罪被杀，得不偿失。正因为韩信忍受了这一胯下之辱，才有了后来辅佐刘邦夺取天下、成为一代名将的成就。现在对于做企业的来说，业务催款是难免的。某笔款项对你来说是天大的事，可能关系到你企业的资金运转，但对方一点也不在乎，对你来说天大的事，在他那儿成了小事。你很急，可他一点也不急，他只是把这当作一份工作来做而已，可对你却是生死攸关的。你怎么办？你只能忍耐着，慢慢来吧。

“本事不大，脾气却大得不得了。”我们每个人的工作、学习和生活中，都会遇到这样的人。他可能是你的同事、客户，也可能是同学、老师，还可能是恋人、配偶。遇到麻烦了，他们第一时间做的，不是想办法来解决问题，而是发脾气。有点能耐的，是只要发发脾气，就有人来替他把问题给解决了；没有能耐的，不管发多大脾气，都没什么效果，甚至，还可能因为那个愚蠢的脾气，使得原先可以轻而易举解决的问题，变得十分棘手。

忍耐领导的脾气，只听那些对你有用的话。每个领导都有各自的短板，做领导的承受的压力也一定会不一样，不要在他脸色不好的时候还去磨叽，这样当炮灰就在所难免。领导迁怒于你，那是他的问题，你在没有成长之前能做的也只有忍耐。受不了委屈，还没本事的人，怎么可能指望自己升职呢？

当然，忍耐是有限度的，不一定什么时候都要去忍。在大是大非面前我们绝对不能做无原则的退让和忍耐，必须针锋相对，据理力争；而对于一些无关大是大非的问题，我们可以选择忍耐。

对于新生代来说，耐力和意志力是非常稀缺的品质。

最新的儿童心理学研究发现，儿童意志力的培养远比智力重要。

孝顺孝顺，重在“顺”，忍耐忍耐，重在“耐”。忍耐，是忍和耐两种心理活动和行为方式。被别人骂时你听着，被别人打时你挺着，这是忍，怎么骂怎么打都不动摇不退缩还是继续你认定的事情你的既定目标，这是耐。忍，属于两害相权取其轻，如果这个人这个事虽然讨厌但不耽误你完成目标，就忍，反之，就别忍了。需要修炼的是耐！因为，什么事情都很少一蹴而就，很少一帆风顺，总要反复那么多次，总要跌倒那么多次，这个时候就是耐受力的主场。

意志的忍耐能产生信心。结果你能够不管情形如何，总坚持着你的意志，总能忍耐着，那么你已经具备了成功的第一个要素了。因为，在这个世界上，人人都相信百折不回、能坚持、能忍耐的人。

# 分成三六九等的是权限而不是人格

我认为，在管理中，很多毛病是管理者和员工双方的问题。比如说，我在某个企业做事，我的职位低，有很多不容许我说话的地方我可以不说，但在我的职责范围内的事情，我完全可以不卑不亢地表达我的意见，而不是不敢表达。社会上有很多人，因为地位低下，就丧失了自尊，或曲意迎合上级，或被骂得狗血淋头也不敢表示，这是很令人痛心的事情。

企业给你的权限小，并不是剥夺了你的自尊。我们在电影中看到英国的侍应生从来不低头，腰板挺得笔直的，不像中国的侍应生点头哈腰的。在企业里，我们把管理权限分为三六九等，但并不是把人分成三六九等。权限虽然有差异，但人格是没有差异的。人格和自尊与你担任什么职务、有多大权限无关。

对员工来说，应该明白这样的道理，企业的发展才是自己的幸福，企业严格管理的受益者不只是老板，还有员工（前提是企业要兑现对业绩的奖励）。严格的管理是针对事而不是针对人的，如果把职责范围内的工作做到最好，没有人也不应该有人对你吆五喝六、颐指气使。

没有哪个企业哪种文化规定底层员工在人格上也要低三下四。如果你低三下四了，那是你的问题，因为这样的低三下四会助长别人对你的颐指气使，助长别人对你的蔑视。如果凭一己之力不能改变这样的文化氛围，可以用脚投票——走路。走路的员工多了，如果管理者还不觉醒，那么倒霉的就是他们了。

对老板和管理者来说，应该理直气壮地进行严格的管理，但是不应该欺凌弱小，不应该对员工颐指气使，大声呵斥，侵犯员工或下属的人格与尊严。作为管理者，应该切记：企业把管理权限分成三六九等，而不是把人分成三六九等。在人格尊严上，我们人人都是平等的，不平等的只是职务和权限等等外在的东西。

# 客户面前的自尊和中立性

在与客户交往中，有不少人老是下意识地将自己与客户放在不平等的位置上，这实在是做事的一大误区。我一直主张，我们与客户是平等的合作双方，要保持自尊和中立性。

客户也经常忽视这一点。在我做咨询的过程中，很多客户说你不按照我的要求做，我凭什么要按你的要求做？你掏的是钱，我掏的是智力，咱们俩是合作关系。对不对？我又不是你招之即来、挥之即去的秘书。

我跟很多老板拍过桌子，比如著名的牛先生，比如你好我好的陈先生，牛集团和宝集团是我们的签约客户和失之交臂的客户。因为我拍桌子，很多合同都拍跑了。我讲的是理，不是礼，跑就跑了，没什么大不了的。

还有一次咨询时，一个集团公司的某个女处长，毫无礼貌地数落我们项目组成员，有点伤人。项目组成员是个女同志，脸面挂不住，就哭了。我听说后，当时就开车去这个集团，找他们领导面谈要求正式道歉。我的员工你有什么权力斥责？我来给你做服务，不是来卖人格给你的，你凭什么骂我员工？你现在是一个处长，不是泼妇。我给你必要的尊敬，并不是放弃自尊。尊敬是相互的，提意见欢迎，教训我就不行。

所以说，我们每个人跟上级是平等的，跟客户也是平等的。我们是因为工作关系联系在一起。一定要搞清楚，不然很多事情用上海话说就是“拎不清”了。

# 不要把别人的好视为理所当然

我们每个人都要心存感谢。我们要感谢客户，是他们给了我们公司发展壮大的机会；要感谢员工，不只是感谢目前在职的员工，还要感谢曾经在职现在已经离职的员工；我们要感谢所有帮助我们的人。千万不要把别人对你的好视为理所当然，作为理性人，作为社会人，我们要知道感恩。

有这样一则笑话，乞丐向路人乞讨。乞丐说："能不能给我一百块钱？"路人回答："不好意思，我只有八十块钱。"乞丐又说："那你就先欠我二十块钱吧！"读到这，我想很多人会哑然失笑。有些人就像这则笑话里的乞丐一样，总以为别人对他的好，是欠他的，是理所当然的，总觉得老天爷给的不够多、不够好，其贪婪之欲早已取代了感恩之心。

不要把别人的好视为理所当然，人要懂得感恩。无论是对待上级，对待平级，还是对待下级，都应该如此。每年公司年会，我开头第一段话就是感谢那些离开公司的人，感谢所有还在座的人，感谢公司成员的亲人家属，感谢客户供养了我们，等等。我是真心的，当时很多人很激动。为此，后来离开公司的很多成员在回到北京后专门找我谈话。仁达方略走到现在，绝不是因为我一个王吉鹏有多大的能耐，而是由这些来来往往的人积累下来的。

我们很多人认为公司给的工资是应该的，我看未必。就是真的是应该的，你表示一下感谢，又有什么不好？我们有的人认为，你给我开这么点钱我干这点活就足够了，这种人距离被开除也不远了。

对客户我们要感激，因为客户是我们的衣食父母，钱少是你谈判能力的问题，不是他不给你。亏损了，也不是客户的问题。作为经理，你要感谢员工；作为老板，你要感谢下属。你要感谢所有跟我们共事的人。你感谢一下又没有损失，何乐而不为?

另外，有的人一贯贪婪，永远不满足，永远学不会感恩。这种心态，很多人都有。这些人必须把心态调整过来，去拥有感恩的心态。唯有如此，他们的事业才有可能成功，他们的人生才会活得有意义。

# 不要为没有发生的事情而焦虑

在当今社会中，总是有很多人一直为许多没有发生的事情考虑再三，忧虑不止。他们就像杞人忧天里讲的杞人那样，老担心天塌下来怎么办。比如某公司，董事长和总经理是同学，总经理曾提出自己正在考虑上某某项目，董事长于是就开始天天考虑如何打消总经理的念头。何必呢？等开会决策时再说呗。也许总经理根本就不会提出呢，你瞎担心什么。

这一条感受表面上与“凡事预则立，不预则废”似乎是冲突的、矛盾的，世界本来就充满矛盾。我们很多人生活在未来，也有很多人生活在过去，很少有人生活在现在。我在公司的全体例会上，以及和公司员工的个别交谈中，一直强调不要为没有发生的事情而忧虑。后来在成都讲课，我又添了一句，不要为没有发生的事情而狂喜，有人认为一个大合同终于谈成了，高兴坏了，其实离合同履行完还差十万八千里呢！所以很多企业家永远战战兢兢、永远如履薄冰，就是这个意思。

凡事不到最后一刻，还不一定是什么结果呢，不要过早地宣布还没有实现的事情。如果大家经历过我们第一次申奥失败，就能体会到这一点了。当时，国内和国外几乎所有媒体都在报道中国申奥的优势，好像是十拿九稳的事了。结果呢，以两票之差败给了澳大利亚悉尼，让所有国人都伤心了一把。

在生活中，在工作时，我们无须为没有发生的事情而忧虑，只需把握今天、把握现时就可以了。

有一家的儿媳妇老担心婆家休掉她，就私下时不时偷点儿钱财存起来，结果被婆家发现了，真的休了她。这个媳妇居然感到自己真有先见之明呢！

有位哲人说得好："即使不幸注定要在明天来临，你也没有必要今天就为它付出代价。"明天自有明天的烦恼，我们有什么必要因为没有发生的事情而增添今天的烦恼呢？所以说，我们不要为没有发生的事情而焦虑。

# 保持一颗平常心

当今时代，在我们的周围总是听到一些人不断地抱怨。工作时，抱怨条件差待遇低；生活中，抱怨物价上涨、入不敷出；遇到不顺心的事，抱怨命运不济；得不到名利，抱怨机遇不能垂青自己……总之，戴着灰色眼镜看到的总是一片灰暗，对一切都感到不公，好像不论怎么努力都无济于事。

不要对什么都感到不满，要有一颗平常心。无论发生什么事，都没有什么大不了的。好事要往坏处想，坏事要往好处想。只有这样，我们才能保持一颗平常心。

其实，生活是美好的，并不总是让人心灰意冷，关键是我们怎样去看待这些问题。只要换个角度去看它，就会改变固有的看法，或许各种抱怨就会少一些，甚至还会改变自己的初衷，产生一些新的认识。

现实生活中，如果我们对所拥有的一切心存感激，就会燃起生活的热情，客观地看待身边的一切，感谢生活对我们的恩赐。当我们在环境幽雅、条件完备的办公室里工作，用我们的智慧和汗水创造出一项项业绩，同时也改变着自己的世界时，我们应该知足，应该满意，应该对生活心存感激。与同事相处共事，和睦相处，相互关心爱护，如同兄弟姐妹，对这种和谐融洽的同志情谊应该心存感激。

只要我们多一些包容，就会少一些自私与冷漠；多一些理解，就会少一些苛求和抱怨；多一些自尊自爱，就会少一些物累与虚荣；多一些善念，就会少一些索取与贪婪。

生活中的不快与愉快，犹如一年的四季，是不断轮回复始的，有严寒酷暑，也有阴晴风雨。只要我们热爱生活，对生活充满希望，明天一定会更加美好。

“牢骚太盛防肠断，风物长宜放眼量”，对待工作与生活中的困难和不幸，不要怨天尤人，悲观失望，只要勇敢地面对，努力地争取，一切都能解决的。我们都是极为平凡的人，又是幸运的人。让我们正确地面对现实和生活，认真地善待自己，坚信冬天过后，春天会来。以平常的心境面对现实，至少可以图个舒坦愉快的好心情。

无论遇到什么事情，你都可以先把自己置于悬崖边，这样你每走一步就远离危险一步。凡事要想到最坏结果，然后再行动。做事情只要保持底线就行了。

# 十年河东，十年河西，但老理儿不变

十年河东，十年河西，是什么意思呢？就是我们很多事情一窝蜂，一会儿往这，一会儿往那，抓不住规律。

我大学毕业那会，最牛的单位是哪儿呢？机关单位，其中最牛的是物资部和国家计委的八大公司，你要能挤进去简直不得了。后来是外贸公司，外经贸部，中粮、五矿，还有当时的中关村如四通这些科技企业。后来又是外企，再后来是证监会，这两年投资和咨询公司火。

十年河东，十年河西。再回头来看，物资部的公司、国家计委八大公司几乎不存在了，没了，外经贸部这些公司好多也不行了。当然也还有好的，五矿不错，中粮不错。当年我的一位女同学被分配到外贸公司，学统计的去做外贸，当时牛得不得了，财富是我们的 N 倍；这个人比较文静，比较踏实。后来公司业务不行了，只能转岗，改做财务。如果她后来不改财务，就只能去干吗呢？要么去总机室当话务员，要么就回家。这行业不灵了，因为外贸原来实行配额代理制，不找外贸公司出不去，进不来，现在谁理它呀？时势比人强啊。

这里还有一句话，十年河东，十年河西，但老理儿不变。什么叫老理儿不变？有一个“三开”，什么意思呢？就是指交通、银行、邮政三大行业，不管发生什么，肯定开张。交通，银行，邮政，战争时候也开，所以这几个行业火爆，择业的时候要选择，你能挤进去就挤进去，银行坏账再多，你工资肯定不少；邮政放大到通信行业看，工资高了去了；当然供电局更好啊。所以叫男怕入错行、女怕嫁错郎！

大家如果上过人力资源的课，都知道职位分析、职位评价、考核、薪酬，实际上是泰罗制，就是量化，把人变成机器的一部分。结果十年河东十年河西，我们后来好不容易进化到Z理论时代，现在发现尾巴又长出来了，又重新回到泰罗制时代。我小时候还没有牛仔服，穿的是劳动布，现在却成了高级服装，时代在变，很多东西在变，我们自己要有个主心骨。正所谓：皇帝轮流做，明年到我家。管理学也是这样。

# 要大气

做人做事要大气，因为很多事、很多人你是左右不了的。比如说咨询公司，员工流失会带走技术，你怎么办？打他一顿？肯定不行。那怎么办？我说，这好办了啊，既然你几个人要把技术带出去，那我出本书，把它发出去给大家。如果我们连这点自信都没有，还开什么咨询公司？出了书，我相信我们的机会会增加而不是减少，而且会逼着我们不断创新、不断发展。

不少咨询公司对管理资料进行保密，结果导致信息连公司自己人都不知道。2005 年时，某咨询公司在山东淄博做汇报，报告是老总夜里加班把大家的素材综合起来的，其核心咨询师竟然连结果怎么出来的都不知道，真是笑话。这就是该公司自身做法上出现了问题。一句话，就是不大气。

做人的格局一定要大，说白了，你可以不聪明，也可以情商不够，不懂交际，但一定要大气。如果一点点挫折就让你爬不起来，如果一两句坏话就让你不能释怀，如果动不动就讨厌人、憎恨人，那格局就太小了。

很多事情，你换个角度，就会豁然开朗。比如，微软的面试题，题目是如何移动富士山，它的答案比较笨，叫“山不过来你就过去”，我说干脆点儿，就叫“山不动你动”，你动山就动了。其实，只要不要命，啥都可以商量。

有个农民，听说某地培育出一种新的玉米种子，收成很好，于是千方百计买来一些。他的邻居们听说后，纷纷找他，向他询问种子的有关情况和出售种子的地方。这位农民害怕大家都用这样的种子而使自己失去竞争优势，便拒绝回答，邻居们没有办法，只好继续种植原来的种子。谁知，收获的时候，这位农民的玉米并没有获得丰收，与邻居家的玉米相比，也强不到哪里去。为了寻找原因，农民去请教一位专家，经专家分析，很快查出了玉米减产的原因：他的优质玉米接受了邻居劣等玉米的花粉，所以没有高产。这位农民因为做人不大气，导致本来可以高产的玉米没有收到高产的好处。

还有，小时候，我的邻居建房，约定用十几架马车，还比较急，可车一直未到，数十人的帮工在那里等着，我邻居照样谈笑风生，跟没事人儿似的。等到车姗姗来迟，他也没有过多抱怨。这就是大气。要是换个别的什么人，还不得理不饶人，早就骂开了。

我们都是小小老百姓，草民一个，但不能因为我们地位和身份的平凡而降低了做人的标准。那么做人的标准又是什么呢？我想最起码的一条是要大气。

大气是相对于小气而言的，大气就是不斤斤计较、小肚鸡肠，大气就是拿得起放得下，说话办事干脆利落，具有君子风范。大气就是有宽广博大的胸怀，还有小事不计较大事不糊涂的雅量。大气就是让人感觉到你有堂堂正正、坦坦荡荡、信得过、靠得住的人格魅力。大气会让你在人生的路上走得挥洒自如，稳健持重。大气会让你有大山的浑厚，大海的渊博。冰冻三尺非一日之寒。要做到大气，那并非三年五载的修炼便能成就。要做一个大气的人，要靠日积月累的自我修身养性，渐渐形成人品人格。

记得有人写过这样一句话：“好男儿走南闯北，大丈夫顶天立地”。这句话其实说的就是大气两个字。做人要大气，其实更多的是在反省自己，鞭策自己，鼓励自己。大气之人，活到老，学到老。如果全世界都怕你，你还怕什么？

我当年在北大讲课的时候就有人问我到底是要“大气”还是要“大器”，有什么区别呢，我就说：“呵呵，留给大家当作作业吧。”

# 要练口才

练口才，就是要求能讲会说。这对于从事管理沟通工作的人来说，尤其重要。

我爱人曾参加一个会议，碰到了讲《论语》的于丹，回家后万分感慨，说，哎呀，有一副好口才真是好呀！口才并不是一种天生的才能，它是靠刻苦训练得来的。古今中外历史上那些口若悬河、能言善辩的演讲家、雄辩家，无一不是靠刻苦训练而获得成功的。美国前总统林肯为了练口才，徒步30英里，到一个法院去听律师们的辩护词，看他们如何论辩，如何做手势。他一边倾听，一边模仿。他曾对着树、树桩、成行的玉米练习口才。

我们要想练就一副过硬的口才，就必须像前辈们那样，一丝不苟，刻苦训练，正如华罗庚先生在总结练“口才”的体会时说的：“勤能补拙是良训，一分辛苦一分才。”

记忆对于练习口才很重要。我在公司里一直对员工强调，作为一名优秀的管理咨询师，一定要多记些笑话，这会有大用场。咨询师要会讲笑话。会讲笑话，既让你显得雅致，又显得你渊博。

比如，下面这一组很有意思的文字，记住了也很有好处：

没钱的时候，在家里吃泡饭；有钱的时候，在酒店泡饭吃。

没钱的时候，养猪；有钱的时候，养狗。

没钱的时候，在墙角下蹲着打玻璃弹子；有钱的时候，在草坪上立着打高尔夫。

没钱的时候，在马路上骑自行车；有钱的时候，在健身房骑自行车。

没钱的时候，钟点工叫阿姨；有钱的时候，钟点工叫菲佣。

没钱的时候，一群朋友；有钱的时候，一群保镖。

没钱的时候，喊“老板”是抬高你的身价；有钱的时候，喊“老板”是降低你的身价。

不论做企业，还是走仕途，都要有意识地去锻炼记性，只有腹中有内容，才能说得精要。在工作中，这样的机会很多，关键是你自己要去把握这些机会，勇敢地战胜内心的怯懦，恰当地表现自我。这对于口才的提高非常有帮助。为什么美国成功学大师卡耐基开办的口才培训课程那么红火，就在于他能够提供大量的现场锻炼机会，再加上比较好的理论，导致很多人慕名而来。当然练口才多是为了表达顺畅清晰，要习得语言艺术的话需要的条件就更高了，要言之有物，应对得体，应时应景。

# 要默契

默契到底是什么意思呢？大家看过《小鬼当家》第二部吧？我这人有职业病，看电影看电视总联想到管理。一开始那个老太太不是把恐怖分子那玩具车拿错了么？四个匪徒，一女三男，这女的一拎袋了，发现错了。你可以回忆那个情节，匪徒们自始至终没人说一句话。她一发现不对，就有一个反应，这几个人马上围过来，然后悄无声息地散开了，一会儿都回到这里，每人都摇一下头。有一个哥们拿着怀表盯着大屏幕说：去洛杉矶。是有这么个镜头吧？整个过程没有一句话，这就叫默契。这个默契怎么养成的？你再看后面，尽管很搞笑，但你可以看到，最搞笑那哥俩，往里一挤，踹他一脚，打他一下，是在不断地磨合中养成的，这就是默契。所以要磨合，要训练，最后出现的默契程度你都想象不到。

里约奥运会羽毛球男子双打冠军傅海峰/张楠，在一个对话栏目中聊到他们之间的默契，张楠说，他们俩一年在一块也说不了几句话，比赛住一个房间也不怎么说话，兴趣爱好完全不一样，沟通也非常少，那打球默契从哪儿来？就从比赛中来，一说话反而不默契了。比如现在7比8落后，一个想守，一个要拼，一交流反而拧，就是凭感觉打，这就是默契。

默契是在磨合中达成的。例如，我要求我们项目中心和营销中心相互之间要经常演练。但是，总是做得不很到位。每次讲标，都需要相互提醒。这就是默契程度不够。因此，我一直不断督促他们加强演练。现在，两个部门间的配合已经比较默契了，尽管离完美还差了那么一大步。

# 有理不在声高

有理不在声高，这是一种工作作风。目的是解决问题，不是相互伤害。应该允许有不同意见和想法。如果你有道理，不在于你声音大小，也不要得理不饶人，满世界嚷嚷，没有必要。我们要注意沟通技巧，有理不在声高。我与蒙牛的牛根生曾经因为咨询业务开展而发生过争吵，我就很有技巧地解决了相互之间的矛盾，最终达成了比较理想的解决方法。

有这样一个故事，讲的就是有理不在声高的道理。

有一个顾客去一家比较有品位的茶馆消费。不久他就对茶馆的服务提出了抗议。

“小姐！你过来！你过来！”顾客高声喊，指着面前的杯子满脸寒霜地说：“看看！你们的牛奶是坏的，把我一杯红茶都糟蹋了！”

“真对不起！”服务小姐忙赔不是，“我立刻给您换一杯。”

新红茶很快就准备好了，跟前一杯一样，放着新鲜的柠檬和牛奶乳。小姐轻轻放在顾客面前，又轻声地说：“我是不是能建议您，如果放柠檬，就不要加牛奶，因为有时候柠檬酸会造成牛奶结块。”

顾客的脸，一下子红了，匆匆喝完茶，走出去。

有人笑问服务小姐："明明是他老土，你为什么不直说呢？他那么粗鲁地叫你，你为什么不还以一点颜色？"

"正因为他粗鲁，所以要用婉转的方式对待；正因为道理一说就明白，所以用不着大声！"服务小姐说，"理不直的人，常用气壮来压人；理直的人，要用气和交朋友！"

这位服务小姐的回答相当有水平，富有一定的哲理。

我常常发现，在现实生活中，太多的是得理不饶人、无理也要狡辩三分之徒。他们为什么不能向故事中的服务小姐学习呢？这样做，不仅会赢得顾客，更会提升一个人的公众形象和社会地位。

一哥们上车，坐那儿，后来来了一女孩，站旁边说：先生，这是我的座位。这哥们站起来就冲女孩咆哮，你看看我的票，就是这个座位号！女孩静静地站在旁边。后来车慢慢开动了，女孩说：先生，你车厢号是对的，座位号也是对的，不过这不是你的车，你的车是旁边那辆。

# 让领导画圈，而不是填空

在管理上，我一直对公司员工强调，要让领导画圈，不要让领导填空。你在工作中遇到问题或发现问题，应该给领导建议几种情况，让领导去选择，而不是问该怎么办。

这种情况叫造越位，当然领导要时刻防止越位陷阱，要学会反越位，所以当下属问你解决方案时，你完全可以反问怎么办，我知道怎么办，要你做什么，这样才叫反越位成功，而不是下属一汇报就听，一请示就指示，上请下指，越位连连。

比如，我让某个员工去办某件事情，他去了，然后回来跟我说，我碰到什么什么问题，您看怎么办。我怎么说都是错的，因为那不是我职责范围内的事情，我不了解情况，他是当事人，应该比我清楚。他本来应该这么说的："王总，你看，我现在遇到问题，有以下解决方案，有一二三种，我比较倾向于第二种。你看怎么样？"我说同意，画圈就完事了嘛。或者我不同意，有不同看法，我圈了第一种。你是现场最了解当时情况的，你给我提供意见，你就得提出解决方案，而不能说我看怎么办。这是因为：第一，我不了解情况，我作任何决策都是盲目的，只能按经验决策，而你按照我的决策去做，有可能是错误的；第二，本来就是你职责范围内的事情，你不提供建议，就是放弃责任。

在工作中与领导相处，我们一定要养成七种良好习惯：

（1）主动向上司报告工作进度，目的是让上司知我。

（2）对上司的询问，有问必答而且清楚。这样做的目的是让上司放心。

（3）充实自己，努力学习，才能理解上司的言语。这样在与上司交流时，可以让上司轻松。

（4）接受批评，不犯第二次错误，让上司省事。

（5）不忙的时候主动帮助别人，让上司更有效工作。

（6）毫无怨言地接受任务，让上司满意。

（7）对自己的业务，主动提出改善计划，让上司进步。

养成上面的七种习惯，并不能保证你就能成为一名优秀的下属，但是如果你没有养成这些习惯，那你肯定成不了优秀的下属。

# 不要低估别人的智力和能力

美国第 9 任总统威廉·亨利·哈里逊出生在一个小镇上。威廉小时候是一个很文静又怕羞的小男孩。镇上的人常常喜欢捉弄他，经常把一枚 5 分的硬币和一枚 1 角的硬币扔在他面前，让他任意捡一个，威廉每次都捡 5 分的硬币，于是大家都嘲笑他。

有一天，有个妇女实在看不过去了，觉得这孩子可怜，便问他："孩子，你为什么这么傻，干吗不拿 1 角的？难道你不知道 1 角要比 5 分值钱吗？"

威廉慢条斯理地说，"我当然知道。不过，如果我选了 1 角的那枚硬币的话，他们就没兴趣扔钱给我了。因此，我每次拿 5 分的那枚硬币，他们才会不断给我钱。"哈哈，威廉实在是聪明。镇上的人们都用一种用眼睛看得见的比较容易得出的标准，也就是 1 角比 5 分更值钱来做判断，进而做出决策，而威廉则用一种更为隐蔽的标准来做判断，那就是长远利益。

不要低估别人的智力和能力，"大智若愚"说的就是这个意思。有很多人老是觉得自己比别人聪明，认为别人不如自己。其实很多时候，是别人在糊弄你、迷惑你，是请君入瓮啊，你还乐此不疲呢。

企业中可能存在很多公司政治，这不仅是一种智力比拼，也是社会阅历和生活经验的比拼。职场菜鸟实在是可怜一族，我没看过《甄嬛传》，不过据我听说的剧情，你能在里面活过三集，估计你的职场智商和情商就全部过关了。

新入职的，如果只是埋头做事，顶多是个兵，当不了将。所谓做人不过就是多笑点，多帮点，有事主动点。这些“多”不会让你累死，相反会让你很快融入这个团队，让大家记得你。多笑、多说、多问、少气、少打听。每个人都喜欢正能量的新人，背后打听和筹划一些扯淡的事儿，很二的，因为你根本不知道你打听的对象，谁是你的领导的对头，也不会知道你打听的问题会怎么被添油加醋地传到谁的耳朵里。所以，做积极正能量的自己。多说几个“我试试看”，少说几个“我不行”，或许是打开局面最好的办法。

# 正面回答问题

前几天我接到一个外地分公司经理的电话，跟我汇报一个项目合同的事，当时我在电话里问：除了价格还有别的问题么？这个经理没有正面回答，说了很多别的事。接着我又问了第二遍，除了价格还有别的问题么？结果他还是不正面回答我的问题，反而七七八八说了一些别的事。同样的问题，我又问了第三遍，依然没有得到正面回答，等到第四遍的时候，我就不客气了。

有一次我们一个部门开会，邀请我下午参加，中午我回到公司就给部门经理打电话，问下午会议几点开始。他这个会议有一个重要的参与人“张三”，是会议的汇报人，于是这个部门经理跟我讲：王总，张三还没有回来。我又问：下午会议几点开始？部门经理说：“王总，张三一回来，会议马上开始。”我又问：“我再问你一遍，下午会议几点开始，我问你时间。”部门经理说：“王总，张三大概下午两点半回来，咱们会议三点开始。”我说：“好。”我问的是时间，他就必须正面回答时间，他老是扯别的，老是提张三，我的问题老是没有答案。

我们公司有八条守则，正面回答问题就是其中之一，很多新来的员工，不熟悉这个守则。当我问某个问题的时候，往往不正面回答我的问题，可能背后确实有这样那样的原因，导致工作没有及时完成，但是做了就是做了，没做你就告诉我没做。

正面回答问题，不使用模糊概念，或者是模棱两可的词语，能够准确表达思想核心，让提问者得到想要的答案，这是一种能力，能够节约大家的沟通成本。

# 努力，可能不成功；不努力，一定不可能成功

人生只有一次，也只需要一次，所以人要有信仰。我说不清楚什么是信仰，怎么才叫有信仰。我估摸着刘胡兰应该是有信仰的人，还有长征的红军。1986 年 3 月，78 岁的《纽约时报》资深记者哈里森·索尔兹伯里在为他《长征——前所未有的故事》一书的中文版撰写序言时说，“阅读长征的故事将使人们再次认识到，人类的精神一旦唤起，其威力是无穷无尽的。”如今，人们仍会时不时地回望那些激动人心、并不久远的历史，然后询问自己：我们的胸中是否还存有长征精神？是否还有理想与激情，还有信仰与使命？

我觉得良心和正气应该是信仰的题中之意。有一个激动人心的故事，从哪儿得来的已经记不清楚了。

有一位扳道工，他对自己的工作十分认真和负责。有一次，他接到通知，有两列火车即将通过车站，让他为其中一列火车改道。他从道口室走出，来到道口，远远地看见一列火车慢慢驶来，另一方向，他又看到一列鸣着汽笛准备快速通过道口的火车。就在他准

备扳道的时候，他突然发现自己的儿子站在铁轨里玩，刚好是那列火车就要快速通过的铁轨上。孩子显然对身旁的一切一无所知，他玩得十分开心。

一念之间，他想跑过去救出孩子，但常识告诉他，如果救出了孩子，再回来扳道，时间已经来不及了，这样就会造成两列火车相撞，他不敢多想。

危难关头，他对孩子的方向大吼一声："快趴下！"随即，他迅速地扳好了道岔，火车卷着一阵风呼啸而过。扳道工瘫倒在地，不敢看前面的道轨。但是，火车过后，他的孩子还活着。原来，孩子听到父亲的声音后，马上照父亲的话做了，赶紧趴在了铁轨中间。火车从孩子的身上驶过，孩子除了惊吓而大哭之外，毫发未伤。这位父亲抱着孩子，也欣喜得大哭起来。

我不知道这位父亲有没有信仰，信仰什么，我只是感动，觉得他伟大。

还是干什么吆喝什么的好，我是做咨询的，也就是通过教别人发展企业来发展自己的企业的，所以就从企业这个角度再谈一谈。

2016 年是长征胜利 80 周年，我的办公桌上一直放着一份《中国工农红军长征图》，它在影响着我。我又购买了几份，把它贴在公司显要处，希望也能够影响大家。

长征胜利，有一点我认为至为关键，那就是没有退路，所以必须背水一战，闯过去就活，不然就死，绝无别的选择。我们做企业、做员工，经常存有杂念，好像什么事情都可以明天开始，或者有别人努力就可以了，或者失败了大不了换个地方。工作学习之外的兴奋点就很多，对公司明显表现出“愿其生，不惧其死”的态度。这实在是糊涂得一塌糊涂！

我们的目标就是共同把企业发展好，做领导的要目光远大、意志坚定，要有恒心；做员工的不能总认为我给企业打工，企业发我薪水，天经地义，至于企业如何发展，与我何干？哪一天它不行了，或者有更好的企业要我，换地方就是了。持这种观念的人挺可悲的，因为现实中我见到的这样的人基本没有什么好结果。他们从来没有意识到企业的命运与自己的生涯息息相关，不知道企业的发展有利于老板，也有利于自己。好企业里出来的人，大家都抢；倒闭的企业出来的人，没人抢，这背后是有道理的。

所以，你可能不知道：

你和隔壁的百万富翁之间的差距可能就因为你每天多睡一小时懒觉；

你和升职的同事之间的差距就在于他不是给多少钱就干多少活儿；

你和进步神速的同事的差距可能就在于他每篇文章都没有错别字，而你总有一两个；

你的企业和同行的差距可能就在于它们的员工能时不时地主动加班；

…………

努力，可能不成功；不努力，一定不可能成功！

我希望所有的正当组织都能够凝聚一种气势，像伟大的红军精神；我们的管理者应该要求自己的团队必须凝聚这样一种气势，否则无论个人还是公司，都将毫无前途！我相信我们一定能够凝聚甚至超越这样一种气势，无愧于奇妙的人生。

努力吧！也许这就是信仰！

# 职场中坚

对于现代企业而言，企业中层干部是落实企业战略计划，达成预期目标不可或缺的一部分。作为企业中间力量，中层管理队伍是否与企业高层有相同的思维模式和知识基础，决定了大家能否完全领悟高层的战略意图，能否从全局利益出发来思考日常的管理问题，从而积极配合高层制定并贯彻执行相关决策。中层团队对企业的影响是关键性的，这个群体决定着企业的方向和未来竞争力的形成。

对于企业来说，一个坚强有力的中间力量团队是其健康发展的重要保障。实践证明，每一个成功的企业，其背后都离不开一个优秀的中层团队的支持。随着经济社会的发展，企业规模不断扩大，管理层的职业化成为一个必然的趋势。各个行业都急需大量的职业经理人来充实自身的管理团队。在我国，各个行业正处于经济转型、行业升级阶段，引进职业化的中高层管理团队对于企业完成升级应对外部挑战具有重要的意义。优秀的职业经理人已经成为企业竞相追逐的战略性资源。

那么，中层的格局在哪儿？如何从中间力量转化成中坚力量？

中层承上启下，一肩挑两头，对上负责对下约束，承托着企业的兴衰，也承托着下属的成长。作为中层管理者，如果你带兵带得好，下属都成长起来了，你水涨船高往高层走，此为加垫子；如果你不成长下属也不成长，等着企业来空降兵，此为戴帽子。

中层是历练出来的。上面的目标得分解下来，带着下面的人做，下面的情况得反映上去，同时自身还要有横向的联系，协调配合各部门工作。高层没准比中层好做，高层主要是定目标，基层也好做，执行具体工作，就是中层难做，既要负责事，又要负责人。不光企业是这样，任何组织都是这样。当年朱镕基说，真正的权力掌握在“处男处女”手里，真正运作政府的是一些处级干部。当年共产党打天下的时候，经常会任命一个二十来岁的年轻人，去做某个县的县委书记，对其进行充分的授权，当地的革命运动就如野火燎原。中层的地位和作用就像小发动机，小发动机充分运转的时候大发动机才会充分运转。各层级的权限不同，职位序列不同，但是有些共通的原理和做事的规则，怎么做既能保证效率又能照顾人事关系，既讲原则也让你很圆滑，既不特别辛苦又能保证效率，是有技巧的，我在这里跟大家分享，也跟大家共同探讨，形成更多的感悟，分享给更多的人。

# 为什么要理解老板?

对于我们每个人来说，工作中一定要知道上级在为什么着急，哲学上叫抓主要矛盾和矛盾的主要方面。作为一名员工，或一位高级管理者，但不是所有者，一定要理解老板，而不是老总。实际上，我在做集团公司总经理以后，就有这种感受。而在打工的时候，我对老板不是很理解。

企业做大了以后，或者稍微渡过存活期以后，企业就不是所有者的了，它已经是社会的了。你看很多企业，好多人不明白，你也想象不到，它们的老板都很有钱了，但每天还是累得要死，被人骂，被人告状，受到威胁。为什么？做企业跟做生意不一样，做企业最后就是为别人做，为社会做，它是一个社会化的东西。企业不仅仅是资产这么简单，老板要为员工考虑，要为所有的利益相关者着想。规律决定了老板会很辛苦，这是第一点。不是他想歇就能歇的，谁也不想那么累。

第二点，老板之所以成为老板，他本身就有一种内驱的东西，就是因为他吃苦耐劳，加上智慧，加上机遇，他才有今天。一个是他不得不苦，一个就是他本来就苦。所以我们要理解他。现在社会仇富呀，对管理者的诟病呀，这都是不了解造成的，是不正常的。羊圈里总是会有驴蹦出来。领导者和被领导者，管理者和被管理者，他们之间的区别是很模糊的。大家要调整心态，这个企业就好办。社会要和谐，一定要各得其所，一定要有一些老板，也要有其他各个层次的人。中国现在不是这样的，一窝蜂都想成为成功人士，念书就一定要成为白领，没有这么一说的。一定要有正确的理念。

老板和员工一样，也是凡人，老板大多都很辛苦，也很忧心。作为下属，我们一定要关注老板，要想老板之所想，急老板之所急。只有这样，你才能成为一名优秀的下属。

# 千万不要“纵容”上司

事实上，好多人的毛病是我们自己惯出来的。比如面对客户或核心员工的一些过分的要求，我们也答应下来，如此一来，岂有不惯出毛病来的道理。我们做咨询过程中，有些项目组成员帮客户写硕士论文，这时，必须说清楚是他个人帮忙，跟公司没关系。这样，下次客户再找他时，他说我没时间，别的员工有，但要付费。这就正常了。不然的话，代写论文变成公司的义务了，那公司成什么了。

职场中，好多人对上司一味纵容，上司说什么就是什么，吩咐干什么就干什么，有些甚至为了讨得上司的欢心而放弃自己做人的原则或自尊。没有原则地纵容上司，不仅会给你自己造成伤害，影响你的心理健康，而且也会对上司造成不利影响，给公司造成不必要的损失。

但是，不纵容上司，并不是说我们对上司不闻不问，任其自生自灭。我们还是应该做好一名下属的本职工作，在工作方面尽力配合上司，尽可能减少工作上的失误。毕竟，老虎也有打盹的时候，上司也有迷糊的可能，一个好下属就是在“老虎”打盹的时候为他放放哨、站站岗。金无足赤，人无完人，在市场经济的惊涛骇浪中，局面瞬息万变，上司再英明，也不可能一贯正确，所以每一个员工就有必要主动为上司分担风险，多一个参照系，多一层保险，保障公司这条大船顺利航行。

我们要敢于给上司纠错。给上司纠错并不是件容易的事，就像古代专司挑错之职的左右拾遗，头上的乌纱帽与项上人头的去留永远在旦夕之间。虽然今天的上下级早已没了君臣之礼，但那条无形的鸿沟还是时时提醒你上下有别。但只要我们做下属的出发点是好的，手法运用得巧妙，还是可以游刃有余的。关键是，既要维护上司的尊严，又要纠正他的偏差。

某先生是一家投资公司的项目部经理，业务能力强，胆大心细。在世纪交替的那一波网络狂潮中，形形色色的人拿着五花八门的投资书来和老板谈。当时互联网热潮甚嚣尘上，老板被这些天方夜谭般的盈利模式搞得热血沸腾，决定投巨资搞一个“全球华人网上陵墓”，发一把死人财。这位项目经理在经过仔细分析和调查后，认为这个项目涉及中国人的传统习俗，要想改变绝非易事。所以，他就据理力争，极力反对这个项目，搞得老板很不高兴。这时，摆在他面前的路就只有两条，要么纵容老板，让公司承担巨大风险；要么阻止老板，可能会让老板对自己不满甚至丢掉自己的饭碗。他深思熟虑，终于选择了后者，但他没有在公司股东大会上公开反对，而是单独和老板推心置腹地长谈，给他分析市场，并且表示自己可以承担一切后果，包括引咎辞职。他的“死谏”引起了老板的思考和斟酌，决定先观望一下。果然不久，他们就听到消息，另外一家投资该项目的公司血本无归。

这位项目经理的确是一位很明智的职场专业人士，他非常明确什么时候该坚持原则，不去纵容他的老板，一切以公司的整体利益为重，不去过多地考虑自己个人的得失。自然，这样的员工最终都会得到老板的认可，并被委以重任的。这位项目经理不久就被老板提拔为公司常务副总，主管日常经营工作。

纵容上司，你也许会获得一时的好处，但是从长远来看，这无论是对你的职业发展，还是对公司甚至对社会都是一种伤害，是一种没有责任感的做法。

# 为什么要让老板做“好”人，中层做“坏”人？

这不是指唱红脸和唱白脸的问题，而是指老板和管理者双方各自的职责问题。

以我们公司项目中心为例。项目中心一些咨询师有一些额外的发票要求报销，到项目中心负责人那里被采纳了，到我这儿被砍掉了，变成项目中心负责人做好人，我做“坏”人，这个影响很大很坏，很不好。应该是在项目中心负责人那里是讲原则、讲制度的，到我这儿把这些通过了，这样才是良好的配合。老板是制度的制定者，应该由其来修改制度，这样才对。做中层的去改动制度，却由老板来维护制度，整个管理就颠倒了，这怎么行？真正讲原则的应该是中层干部，他们最需要的就是讲原则，维护制度的尊严。我们的问题是中层干部不讲原则，没有原则上的坚定性。老板去讲原则会比较尴尬，因为他既是所有者，又是经营者。如果由他去讲原则，员工不理解、不相信，以为老板很在乎那几十块钱，这是很麻烦的。假如是中层卡下来，这样就很正常，因为这不是他的钱。这个员工然后到老板这来，老板说几十块钱就算了吧，批给他，这样就比较好。良好的配合就是这个意思。一定是老板做好人，中层做“坏”人。

我做集团公司总经理时，得罪了不少人，为什么？因为我上面是老板，是董事长。如果我做好人，说这事你找老板，找董事长，那还要我做什么总经理？这个做“坏”人，不是突破原则地做“坏”人，而是给大家一种感觉，一定是在利益发生冲突时才表现出来。

有人热衷“厚黑学”，说这是唱红脸和唱黑脸的分工关系，细究下来，这种说法并不贴切，黑脸红脸是指原则弹性很大，为了一致对外而采取的行动策略。而我们这里讲的是原则制定、推行的程序和原则到位的问题，这才是老板做“好”人、中层做“坏”人的实质。

# 千万不要认为上司比你傻

社会上往往有那么一群人，自认为很聪明，以为别人比他傻。他们在日常工作中，能糊弄的就糊弄，不能糊弄的也想方设法去糊弄。他们精于去占公司的便宜，把公司的东西据为己有，而且还以为别人不知道。事后，他们还认为上司比他傻。结果呢，他们很快就成为公司清理的对象。

千万不要认为上司比你傻。第一，上司的“傻”，未必是真傻，很可能是大智若愚。上司之所以大胆地用你，正是因为作为下属，你有过人之处。上司用你，并不代表你可以任意妄为。好多时候上司不说，只是因为还没有到该说的时候。第二，上司的“傻”也许是为了考验你的忠诚、经验和能力。他装作什么都不知道，让你放手去做，在你做的过程中，将你的有关情况考察清楚。我们不要考验上司的记忆力。其实，你工作中的每个细节上司都看在眼里，记在心里。张瑞敏说，要永远如履薄冰，永远战战兢兢。这对做下属的来说，可以算作一个忠告吧。第三，退一步讲，如果上司，特别是你的老板真的在某方面不如你，那也并不意味着你的机会到了。不是有这么个笑话吗，说集市上卖三只鹦鹉，一只会 3 种语言，卖

100 元，一只会 4 种语言，卖 200 元，一只又老又丑，只会 1 种语言，卖 800 元，别人问为什么，答：它们叫它老板。上司之所以是你的上司，老板之所以是你的老板，肯定有你不具备的东西，没有人会无缘无故地做你的老板。

作为下属，不要因为一时的欲望而迷失自我。作为一个明智的人，一定要切记：水大漫不过船。自古就有伴君如伴虎的说法。因此，在对待上司的问题上，我们要时刻如履薄冰，不要出错，更不要认为上司比你傻，这种想法是一种致命的错误。如果你硬是认为上司比你傻，那你就等着被人修理吧。

不要随意猜测和私下谈论你的领导——不要随意猜测他人的想法，如果你不够智慧与经验，通常会发生错误的。要了解一个人，需要知道他的出发点是不是好的，才会知道他是否是真心的。

# 尝试说“这事我来负责”

我们做管理者的，要主动去“领活儿”或担责任，要尝试说“这事由我负责”。这是我跟我们人力资源部门经理说的。这个人能力很强，但是有了活儿，却总是推给部下或者别的部门，有了责任，甚至找不到她。一次，我们有个行政助理刚入职，由于财务上的失误，给他多发了工资。那这个责任算谁的呢？因为这个经理是人力资源部门的经理，本来就管人事，所以该算她的。但是，她说这事出错不在我，是财务，我不管。另一次是有天晚上公司搞接待，她回家打车的钱要报销，也就十块钱。她是人力资源部门的经理，所以要经过我的签字。但是签完，我就发现弄错了。她给我的是领款单而不是报销单。她就拿着我的签字去了财务那里，财务较真了，不给报。她比较激动，说话声音就大了起来：不就十块钱么，干嘛还要再惊动王总（要重新填单子，再找我签字）。我听到了声音，但是听不清她们为的什么事。后来她拿了单子再找我签字，我就知道肯定是为了这事。我没说话，她也没有说话。

我后来专门把她叫来，就为了这两件事特意说了三句话。第一，我们进入职场是来工作的，不是来受气的，谁也没有权力给人气受。我都没有权力，你有什么权力给人气受？人家财务是工作，而且人家做得对，你凭什么粗声大气？谁都应该为同事的心情愉快负责。第二，人力资源是你主管的，人的事你怎么能不管呢？你若不管，要你干什么？你把什么事都推给别人，我干脆不要你得了，扁平化就完事了。她想给我解释，我就打断了她，接着说。第三点，以后无论是什么事，你能不能尝试一下说“这个活儿我拿走，责任归我”，不论是不是你的活儿，你先试试。你看公司某某（一位年轻的女副总），比你年轻，为什么现在做得比你好，工资是你的好几倍？因为人家会做事啊。谁说你从我这里把活儿拿过去我就不管了？你尝试着做一下啊？你不把活儿往身上揽，而是把活儿都推出去，肯定是没有什么好果子吃的，不光在仁达方略，在哪里都是一样。

只要想找，借口总是有的。现在，好多人习惯于打太极拳，不只是行政事业单位里有这种人，在企业中也有不少。如果习惯于打太极拳，那你自己还有什么存在的价值？简直就是在耗费光阴。

其实，承担责任未必就会承担后果，往往还会有不少好处。自己的错，如果敢做敢当，会赢得别人的尊敬，别人以后也敢于把重要任务放手给你做。如果是别人的错，你承担了下来，别人内心里一定会感激你，会想方设法找机会回报你的。

承担责任在很大程度上就是要敢做敢当。敢做敢当的内涵很多。第一，作为管理者，要敢于为下属承担责任，还要互相承诺，而且这种气魄要到什么程度呢，要大到哪怕公司关掉。第二，要敢于承认错误。错误已经出现了，你再找任何借口都没有用了。现在很容易发生这样的情况：出现一个问题，互相埋怨，这是必须受批评的。

敢做敢当还有很多方面。你作为一个企业管理者，不可能照顾到很多层面，下属难免会因为主观或客观的原因出现错误、疏漏，甚至是致命的错误，有的人还会有意捅娄子。所以，要敢做敢当，至少要有这种心态。没有这种心态，第一做不大，什么事你都自己控制；另外一个，就是队伍起不来；还有就是有人嫉恨你。

做事很重要，但更要学会做人。

# 认真能把事做对，用心能把事做好

认真能把事做对，用心能把事做好。这个好理解，也不用人怎么讲。但是，我们在工作过程中，老做不到这一条。人这一辈子，做企业不容易，坚持把它做好就更不容易。都知道用心能把事做好，但真正去用心做事的又有多少呢？

我曾经在某中央企业讲课，管事的处长特地嘱咐管理仪器的人，一定要准备两个麦克风。我说不用，麦克风不是已经试过是好的么？他没有解释，再去拿来一个。为什么？人家考虑了两条。第一，是怕出意外，这么多部级领导在下面坐着，如果讲着讲着，突然后面听不到声了，他担不了责任。第二，为了方便移动。尽管讲台上面有移动的，也有固定的，但是下面一定要给一个移动的，以备有人提问时用。考虑得非常细。这种人升职是必然的，因为他用心呀。

我还见过某省电力投资集团的一个秘书，小伙子挺帅，毕业的学校也不错，新上任的。他跟我讲了一个故事。老总要请人吃饭，让他订一个包间。他就打电话订了一个包间。客人很重要，老总问他订好了吗，他说订好了。按规矩说应该向老总汇报，他没有经验，所以没有汇报。老总去了，回来后问他，你订的是包间吗？他说是包间呀。老总说，你自己去看看。他去一看，确实是包间，但是是挡板隔断的那种包间。从此以后，这个小伙子做什么事都把弦绷紧了。

我给客户讲课，每次都要用心去认认真真地备课。虽说即使不备课，我照样能讲得头头是道，但是我没有那么做。我总是按照我一贯的作风去备课，因为我已经形成了一种做事严谨的习惯。

细节决定成败，汪中求先生曾经为此专门写过一本书。财经作家吴晓波先生在《大败局Ⅱ》中写道："当一个大企业的危机爆发的时候，首先表现为细节上的失误，进而内外交困，烦恼频至。"

在企业管理中，很多细节问题都会被忽视。做人也一样，要注意细节，用心做人，认真做事。

# 只要合理，怎样变动都可以

管理上只要大原则不变就行，不要一根筋做到底。比如说我们公司出版中心 11 月份必须出一本书，我不去关注书是怎么出来的，可能有好几种方案可供选择，可以供稿、可以合作，等等，只要合理，选择其中任何一种执行都可以，并不一定要死守一种方案不变，只要最终达成我期望的结果——确保 11 月份新书出来就成。

可以用游击战来解释，不管是阵地战还是海空战，都是手段，怎么合理怎么变动，在变动中寻找战机，只要目标明确就会大胜。就像是武打电影里面，一个人哼哈嘿哈看起来特别厉害，结果一招就被打飞了，不管你用什么拳，打胜了就是好拳。不要拘泥于套路，这在管理上非常重要。你一直停留在“低成本，差异化”，结果人家跟你玩模式创新了，你怎么能胜？所以要变通。

人们在面临获得的时候规避风险，而在面临损失的时候偏爱风险，是因为人们对损失和获得的敏感程度是不同的，损失的痛苦要远远大于获得的快乐。这很好地解释了人们在冒险时表现出的行为的前后矛盾，同一个人既可能为了保护既得利益而谨慎行事（比如为了保证利润而放弃成功的投资），也会不惜一切代价竭力避免损失（比如抱着盈利的希望，抓住已经失败的投资不放）。

四渡赤水之战，是中央红军在川黔滇边界地区进行的一次出色的运动战。在这次作战中，毛泽东充分利用敌人的矛盾，灵活地变换作战方向，指挥红军纵横驰骋于川黔滇边界地区，巧妙地穿插于敌人重兵集团之间，调动和迷惑敌人。当发现敌人的弱点时，立即抓住有利战机，集中兵力，各个歼灭，牢牢地掌握战场的主动权，从而取得了战略转移中具有决定性意义的胜利，成为战争史上以少胜多、变被动为主动的光辉范例。这是典型的只要合理怎么变动都可以的例子。

只要合理，能够达成你所期望的目标，任何变化都是可以接受的。不存在一成不变的方案或方法，做人做事都是如此。

自由变动是指在目标不变的情况下手段可以自由选择，但是有很多人经常把目的和手段颠倒过来了，手段变成了目标。当年我带了一个助理坐动车，正好到了吃晚饭的时间，他给我泡了一桶面，我走到哪里手里都带着一本书，当时我随手把书盖到了泡面盒上，因为要焖一会儿。他也泡上了面，拿着叉子沿桶沿叉，没有成功。我就说，车座后边有杂志，你用杂志盖一下不就可以了？他又叉了一下还叉不上，又叉了一下还是叉不上，他就急了，拼命地叉。我说你看，你这就是典型的手段变目的了，你的目的是什么呢？是把这个桶面盖上，至于你是用纸盖上呢，还是用手捂上，用杂志盖上，这些手段都可以，对吧？可你现在的目的变成什么了？你的目的变成了要把它叉上。管理上很多事情也是类似的，那就不是怎么变动都可以了，因为你的目标跑了，手段变成目标了。

# 上侵下职要不得

上侵下职，就是说上面的人手伸得太长，管得太细了，老越位。比如我让张三去买一部手机，3 000元以内。张三刚走，我就打电话给他："国美在促销，不要去大中啊"；过了一会儿，又给他打："买进口的啊"；然后再打："买深颜色的啊"。管得细到这种程度，这就是上侵下职。那个张三还有什么可干的？他根本不用思考，只要执行就行了。

如果你精力体力无限的话，你可以这么去做，但你的体力精力是有限的，你天天忙这些，还忙不忙正事儿？你管得多了，下属就没有成长的机会，下属就得不到锻炼，也不需要锻炼和学习。而且，还可能出现这种情况，下属很聪明，他就等着你出错，他明知道你的决策是错误的，他也照你说的做，无所谓，他不用承担责任。这种事情太多了。上侵下职，这是很可怕的事情。为什么很多领导忙得要死，就是这个原因，管得过细。

管理学上有这样一种说法：管理者不要做教练，也不要做啦啦队队长在旁边鼓励，要做仆人。这是有道理的。做教练有时也有必要，下属不会，你可以教他。一定要分清责权体系。

上司与下属之间，应该注意以下原则：

· 计划你的工作，工作你的计划。

· 教会说“不可能”的员工说“不，可能”。

· 标准是你应接受的工作最低水平。

· 高兴地表示不同意，嗓门大并不等于有说服力。

上级可以越级调查但不可越级指挥，下级可以越级投诉但不可越级汇报。

当你经常越级指挥下属的下属时，你的下属，以及下属的下属都希望你失败，因为只有你失败他们才是正确的，他们的意见才会得到尊重。管理中，一定要注意到位但不越位。管理者的执行能力太强，可能会导致员工执行能力不足。

# 别越位，也别被“造越位”

这和前面“让领导画圈，而不是填空”是一个道理不同的表达方式。

我们可以以美国西点军校曾经的管理案例来阐述这个含义。假设你是一个中尉连长，现在给你一个任务，让你在今天下午 6 点之前在咱们公司门口竖起一个旗杆，以后咱们开类似的会议可以挂会旗，给你的条件是：给你一个班的士兵，一台吊车，一个计算器，若干的铁锹和绳子，问：你准备怎么带领这个班的士兵来立起这个旗杆？那么常见的答案可能是这样的：我准备让 5 个兵去挖坑，2 个兵去开吊车，1 个兵去用计算器计算，绳子系到哪可以吊装起来，坑挖多深可以立住旗杆。如果能安排得这么周到细致，那么这是一个参谋人员应该具备的素质。领导不应该这么干活。领导应该怎么干活呢？假设这个班长姓王，领导应该是这样的：王班长你过来，6 点之前把旗杆给我立起来，我回屋喝茶去了。这是领导的做事风格，因为把旗杆立起来是五班长和他士兵的事情，领导的任务是布置工作检查工作，中间要是有空了可以去视察工作慰问指导，这就是很典型的各负其责、各司其职，领导不要越位，不要干了班长的活儿。

所以我们的管理原理是：管理者不能绕过管理层次指挥下级，应该通过管理层次逐级传达指令，具体来说就是管理者不能越级下达指令，但是可以越级检查工作，下级不能越级请示汇报，但是可以越级反映问题。所以对于领导人来说，不能下面的人一请示你就做指示，一汇报你就听汇报，要分清楚这个管理界限。

当年我在某集团做总裁的时候，刚到任我就到下属企业去熟悉情况，到了东北我们的一个二级公司，是一个大型的粮油加工进出口基地。我去的时候公司总经理不在，主管生产的副总经理负责接待，走到储粮区（它有非常壮观的储粮仓库，是进口材料做的彩色钢板仓）的 2 号仓库，这个副总经理就说：王总，我向你请示一项工作。我说：什么事？副总经理说：我们这个 2 号仓库漏雨了，您看怎么办？我没有搭理他。中午要留在那吃饭，东北嘛还要喝上一点小酒，他可能怕我喝多了，饭前又问：王总，您看您还没有做指示呢，我们都等着呢。我说：什么指示啊？副总经理说：我们 2 号仓库漏雨的事情。我说：喝酒吧，吃饭吧。还是没有理他。饭吃完了他又问：王总你看饭也吃完了，酒也喝完了，估计您考虑成熟了，我们等着您指示呢。我说：你看啊，这个事情你问了两次了，我都没有答复你，你现在又问第三次，我不得不答了。咱们首先要划分一下，我不追究你为什么漏雨的事了，因为那是上一任总裁的事情，现在是我来管了，你来问我怎么处理，我首先问你，你什么身份？你是我一个二级公司的副总经理，你越过了你的总经理，越过了我的集团职能部门，越过了我的集团主管副总裁，到我这来，请示这么一个事项，严重越级。所以为什么你问我，我就要答呢？我要是回答我就是越级指挥了对不对？所以你根本就不应该问我。你要是问我只应该是在两种情况下：一种是受你们领导班子的委托，那也有限定的条件，如果是你分内的工作，你受委托也不能问我，你比如说超过你们的预算权限了对吧，要 80 万，结果你们的预算只有 50 万，这你可以逐层往上报批，这是一种情况，那你也要走程序；第二种情况，反映问题，比如说你是主管生产的领导，你有一个很好的预案，但是你的总经理渎职，老是不下决心，会造成很大的损失，你反映问题到我这来，我现在就收拾他。这样就把位次搞得非常清楚，责任也分得非常清楚。

不要越位，同时要防止被“造越位”。那么“造越位”会出现什么情况？比如说当年一个公司领导跟我讲：哎呀，王总，我累死了。我说：干嘛啊累死了。公司领导说：公司下面什么事情都来问我。我说：公司都什么事来问你啊，把你累成这样？他拿着一张名片说：你看啊，这名片排版怎么设计，办公室主任都来问我。我说：这个主任会干活啊，早请示晚汇报啊，你怎么处理的？他回答说，这不是两句话就处理完的吗，赶紧说完打发他走，我还要处理其他事情。你不知道啊，我现在的劳动生产率特别高，我每天能处理很多事情。我说：活该，累死你，活儿哪有这么干的？要是我的办公室主任来问我，王总你看这个名片怎么设计，我会怎么处理呢？我会说：我怎么知道怎么设计？我又不是学美术的，回去自己做，同时我告诉你，你设计不好，我看着不高兴，我还要考核你呢，这是你的事情。正常的情况应该是这样，办公室主任拿着三张名片来说：王总，我们设计了几种方案，最后这三种作为备选了，您选一种吧，我说：就这个吧。这就对路子了，这就是领导画圈，同时管理者也不越位。该是他的活，他让你干，这就是造越位嘛。

上次一个中央企业有个会，他们把资料先给了我，然后让我去讲，他们整个领导班子都在。这个领导班子有一个规范，就是“到位不越位”。很好！我就问了一下，你们怎么解释呢？他们说，到位不越位，就是管好你领导范围内的事情，不要管太多太细，更不能越级指挥。我说，大家都是当领导的，有的时候不是你想管，而是下属挖坑把你往里面套，对你进行“反授权”。什么叫越位，你是不得不越位，被人造了越位。比如说，有的下属在完成他分内的工作时，碰到问题了，回来问我：“王总，怎么办？”我哪知道怎么办？我要知道还要你干什么用？下属向上级请求支援时最好带有解决建议，你要让领导画圈，不要让领导填空。

# 什么时候该睁一只眼闭一只眼?

有很多问题，一开始我们要顺其自然，不要强行解决。有些问题你要等它烂，烂完了再来解决。在这个过程中任其自然，睁一只眼闭一只眼。

优秀的管理人员会尽量避免对下属说不，以免伤害对方。有时，出现一些问题后，他们不采取任何行动，希望问题会自动消失。但是，他们也绝不会逃避问题或向员工投降。

假设说我看到有人迟到，但是抓考勤不是我目前考虑的问题，尽管它是一个问题，我就睁一只眼闭一只眼，装作没看见。或者有人违规记录考勤，明明迟到了，他自己记录没迟到，我不说，并不代表我向员工投降，也不代表我没有面对问题，只是我要先了解这个事情对工作的影响有多大，迟到现象有多严重，是不是必须立刻处理，还是有其他的事情。这个事情可以放一下，或者，稍后处理会更有效果。总之，不处理并不是没有关注。只不过我是希望到瓜熟蒂落的程度，或者问题自动消失。

瓜熟蒂落有两条路，一条是这个人自己把自己慢慢变成一个不负责任的人，自己在这个企业待不下去了，走人了。另一条就是这个问题还一直存在，最终成为一个问题，成为一个真正需要面对的问题。很多事情要掌握时机，时机很重要，早了晚了都不好，早了，小题大做，晚了，法不责众或失去最佳时机了。

# 别人对你的印象，取决于你自己展示的形象

我们每个人脸上都没贴标签，别人又是如何判断我们的年龄、经验、学识和职位的呢？我们又是怎样给别人留下自己的印象呢？实际上，别人对你的印象，取决于你向别人展示的形象，取决于每一次见面时你所展示的形象，尤其是第一次见面，并且这种印象是非常坚固而不易更改的。

慧聪国际的郭凡生，当年带着他的公关经理去跟人谈合同，他的公关经理在现场侃侃而谈，给人的印象非常深刻，就好像他是公司老大，反而把公司老总郭凡生冷落到一边，好像郭凡生是跟班，这是很典型的别人对你的印象，取决于你自己展示的形象。往大了说，当年肯尼迪到法国去，整个法国的媒体都围绕第一夫人来转，他演讲的时候就说我是陪夫人来访的美国总统。说别人对你的印象，取决于你自己展示的形象，我们要注意对我们的形象进行一些刻意的设计。

过分自尊，对什么人都瞧不起的人，其实就是自负，这不好。但是，面对什么人都自惭形秽，凡事过分谦卑，唯对方之言是遵，

也不好。最好的待人处世之道，应该是不亢不卑，保持适当的情绪表现，这才是获得别人良好印象的法宝。

你个人的外在形象一定要予以关注，因为它会影响别人对你的印象。

上次参加一个大型的管理咨询招标会，招标方对外宣称把国内前十的咨询公司都找到了。由于标的不小，各家公司去的都是老总。参加招标会之前，我们大多数人都是从北京去的。同一航班去的有北京某家公司的老总，曾经是另外一家公司的常务副总，他一路上就说以前那个公司如何如何。到了之后，对方同时接的我们。我到了入住酒店后，看到我公司的同事，就说那个人小儿科，不用担心他。我同事对此并不认同，我就说那你看吧。老总都坐前排，开始抽签了，招标方本应该有部长出席的，结果他们只出席了一个副科长，在座的老总都很不满，坐在那儿都是一脸严肃。副科长故意开个玩笑，各个老总都没反应，可是飞机上遇到的那位就像小孩得到了糖果，摇头晃脑，哈哈大笑，看到大家都没有反应，他又马上停下来。所以，我说他像个孩子一点儿都不冤枉他，这个企业不可能获得合同，因为它的老总给人一种小儿科的形象，行为举止太幼稚、太不沉稳，你的领带打得再好看又有什么用?

作为职场中的人，我们一定要充满朝气。然而，在现实生活中，总是有不少人每天给人一种消沉、萎靡不振的印象，这是因为他们对自己缺乏信心，对工作缺少激情，对生活缺少乐观的缘故。

还有一个现象值得注意，就是我们很多企业的管理者喜欢摆官架子，好像不摆官架子就没人认可他，没人重视他似的。其实，官越大越没有架子，相反那些有一点点权力的所谓官却是架子摆得没谱，对于这一点我有切身体会。摆架子没有什么好处，别人对你的印象取决于你所展示的形象。

# 来说是非者，必是是非人

有句老话：来说是非者，必是是非人。我觉得非常在理。一般来说，爱说人是非的人，喜欢整天挖空心思探寻他人的隐私，抱怨这个同事不好、那个上司有外遇等等。长舌之人可能会挑拨你和同事间的交情，当你和同事真的发生不愉快时，他却隔岸观火，甚至拍手称快。也可能怂恿你和上司争吵，他让你去说上司的坏话，然而他却添油加醋地把这些话传到上司的耳朵里，如果上司没有明察，你在公司的日子就难过了。

我爱人曾经调到一个报社，刚进报社时，有个大姐特别热情，什么事情都告诉她，细数每个人的特点、矛盾。我爱人回家说这人真好，我说你要特别小心她。她当你面说他人，当别人面说你。我爱人说不会吧，我说你看看古训就知道了，“来说是非者，必是是非人”，不信你就试试。实践证明，我还是比较英明的。不仅生活中如此，在管理上，也要特别注意这种事情。

这个是非，不是普通意义上的是非，而是搬弄是非，捏造事实，或夸大事实。我们公司原先就有这样一个人，天天紧绷阶级斗争这根弦儿，是非太多，到后来被辞退了，告别时还跑到我耳边说：王总，我觉得这事儿（辞退他）是有人设计你。你是多大一个干部啊，需要人来设计让你离开？他这个弦绷得也太紧了。

作为管理者，你必须对那些到你这告状、说是非的人特别注意。我们须知，来说是非者，必是是非人。

有的管理者把这种人当成是一种信息渠道，这很危险，公司千万不要成为是非之地，成为长舌妇的乐园。管理者信息渠道少，本来是正常的。当年我在国企做中层干部的时候，我面对集团老总汇报完的时候，他说你坐一会，我说：我不坐，您忙吧，我不占您时间了。为什么他要拉我坐一会呢？因为他的信息渠道少，他要利用一切可能的渠道去获得更多更真实更及时有效的信息，这是正常的。谁都不愿意去跟领导讲，除非一些别有用心的人、阿谀奉承的人。所以我们要尽量增加言论渠道、信息渠道，正常地获取信息。

# 不要撒谎，更不要揣着糊涂装明白

有的时候，我们自己明明不知道却装知道，揣着糊涂装明白。

揣着明白装糊涂可以，但你不能揣着糊涂装明白。我们国内的很多管理者，明明战略不清楚，但他就是说很清楚，还说别人都是这样。比如战略是选择、是取舍，很多人偏偏就理解成了目标，我们的战略是进入世界500强，等等，糊涂！还有些人粉饰太平，说自己公司管理得很好，没有任何问题。说完这些话后，回到公司一看，还真觉得自己管理得很好，这样下去，早晚会出大事。总之，可以揣着明白装糊涂，但不能揣着糊涂装明白。

许多人都相信欺骗说谎是一种有利的勾当。他们以为欺骗的手段很值得使用，所以很多声誉很好的企业，也往往要掩饰自己产品的缺点和短处，去刊登、播放各种欺人广告。有些人甚至以为，在商场中，欺骗的手段简直与资本一样是必需的。社会中的这种人很危险。他们不明白，在他们多得到一分金钱时，他们多损失了一分品格。他们的钱袋固然是有增益了，但他们的人格却是有所减少了。

我们必须实事求是。对过去实事求是易，对现在实事求是难；

对下级实事求是易，对上级实事求是难；对别人实事求是易，对自己实事求是难。“举秋毫不为多力，见日月不为明目，闻雷霆不为聪耳。”这句话的意思是：不要做了一点工作就认为是很多，能够看到日月、听到雷声就认为自己的眼睛很好、耳朵很好。有些人认为自己很努力，但如果好好反省，可能会与对手有巨大差距。所以，我们一定要实事求是，不要撒谎，更不要骗自己。

自欺欺人的危害很多，它会让人认不清自己，让他人疏远自己。貌似天真的职场形象，会令你失去所有的晋升机会和重大机遇。

# 6+18可以等于1吗?

如果说：1+1=1；1+2=1；3+4=1；5+7=1；6+18=1；大脑第一反应：不可能！

那么，如果在这些数字里边加上适当的单位名称，其结果是可以成立的！

1里+1里=1公里

1个月+2个月=1个季度

3天+4天=1周

5个月+7个月=1年

6小时+18小时=1天

现在看来，对任何事没考证以前，请不要说“不可能”！思想改变一切！

付出就想马上有回报—你适合做钟点工；

期望能按月得到报酬—你适合做打工族；

耐心按年度领取年收入—你是职业经理人；

能耐心等待三到五年—你适合做投资家；

用一生的眼光去权衡—你就是企业家。

人非常容易犯想当然的错误。我们在工作和生活中许多认识上的错误，都是想当然造成的。我们往往想不到貌似理所当然的事情，其发展并不当然；也想不到世界上的事情是一个条件可以得出多种结果，而一种结果也可能是多种原因促成的；甚至更想不到，影响事物变化发展的，除了必然性还有偶然性。现代科学把握必然性，利用必然性，取得了辉煌成就，然而对于偶然性，却只能退避三舍，偶然性似乎成了科学的盲区。偶然性很容易被人们所忽视，导致人们经常犯想当然的错误。

2005 年底我们公司搬到煤炭大厦，我说从电梯出来的出口应该做个展示墙，用来展示公司形象。行政人员负责去谈这件事，结果人家说不行，因为墙是木质的，你要装修就破坏它了，当时就没装。2006 年 5 月某日，我对行政说你再去问一下。行政说，王总，不行。我说你再去谈谈。他说，不行。我说，这只是你自己说不行，物业说了吗？犯了想当然的错误，因为物业上次说不行已经是五个月以前了。很多事情是这样的，自己先把自己否决了，其实是自己给自己找借口罢了。我很佩服房产中介公司的人，他们一遍一遍地打电话，他们不会想当然地认为，你不会卖房子或者出租房子，他们一定会不断地向你确认，绝不想当然地下结论。

过去不行，不代表现在不行；现在行，不代表将来行。别人成功，不代表自己成功；别人失败，也不代表自己不成功。所以，要不见棺材不落泪，不到黄河不死心。《集团管控》一书出版后，我说发个广告，公司出版中心的人说没效果。我说，你发过吗？没发，你怎么知道没效果。后来做了广告，果然没什么效果，我也就死了心了。其实很多研究的重要意义不是成功，而是证明行不通，就是证伪，从而启示后人别再瞎耽误工夫。很多古语、谚语，还有很多前人的积累，也包括别人的经验，都可以用到管理上。比如冬天不砍树，在管理领域就是不要犯想当然的错误。

另外，我们还要避免走极端。邻人遗斧，也不对。所以，我们要把祖宗留下来的中庸之道发挥到极致。面对不同的情况，我们必须采取不同的措施。

# 别让自己的头脑成为别人思想的跑马场

无论是做人还是做事，一定要有主见。不会做人做事的人大多有个通病，就是不善于动脑子，耳根子软，容易被他人左右，他们任由别人来替自己思考问题。舆论是世界上最不值钱的商品，每个人都有一箩筐的看法，随时准备加诸接受的人身上。如果你干什么都受人限制，那你做哪一行都不会出人头地，要化渴望为金钱，尤为不易。

几个朋友要去吃饭，有一个人不吃辣，朋友问他："哪儿吃去？"他说："随便。"结果人家把他带到川味火锅城，面对红辣密布的火锅麻辣简直如临大敌，最后在朋友的鼓动下，遭受了一场辣罪，回去之后，害了痔疮，几天不能走路。下一回，朋友又约他去玩，朋友问："到哪里去玩呀？"他说："随便。"结果几个朋友把他带到游泳馆，他本是个旱鸭子，经朋友千呼万唤还真的下了水，最终落得个七窍满灌。这回"随便"又受了个随波逐流的罪。

生活中这样马虎随便的人，在需要做出选择的时候，他自己不可能为自己做主。有时候就是觉得这个也好，那样也不错，无法做出正确的选择，也可以说遇事总是优柔寡断吧。有些时候，可能是自己的认识不够，喜欢模仿别人，跟别人走，认为和大家保持一致就好，不知道应该根据自己的个人情况做出合理的决定。

做人最怕的不是贫穷，而是没有主见，经不住生活的诱惑，最终随波逐流，放弃了自己内心宝贵的东西。人有自己的头脑和心智，好好运用，自己做决定。如果你需要别人提供资料详情才能下决心，就要不动声色，不露痕迹，不要说穿自己的目的，悄悄取得所需的资料，探究事情的真相。对于想要登上成功峰巅的你来说，千万不要让自己成为别人思想的奴隶，不能让自己的头脑成为别人思想的跑马场。

所以，无论做人还是做事，最要紧的是：凡事自己要有主见，自己认为怎样做好就去怎样做，没有必要事事受别人的影响或受制于他人。

这样的人生可谓潇洒！

# 总有先知先觉者、后知后觉者和不知不觉者

我们不要希望或强求他人想法与你一致，因为人与人之间是有差异的，有时差异还非常大。我们也不要希望每个人都理解你，不是有人说过这么一句话么——“决策者是孤独的”。

成功与年龄无关，有志不在年高。因为这个世界上，总有先知先觉者，后知后觉者，还有不知不觉者。什么意思？比如做生意，就是所谓“一招鲜，吃遍天”。有人也说叫“领先半步，决胜千里”——领先一步，成先烈，领先半步，是先驱。有人在某本书中，一再强化这个观点，我看纯粹是玩文字游戏。事情其实并没有那么简单。你怎么区分半步和一步？凡事有先知先觉者，也有后知后觉者。其实后知后觉者的力量并不容小视，因为他们要么有资金，要么有资源，要么有人脉，要么有创新，他还干先知先觉者这行，但是可以和先知先觉者干得不一样。还有不知不觉者，不知不觉者，我们管理中也要用。你不要强求别人和你想法一样，对别人说什么：你怎么那么笨啊？你怎么反应那么慢啊？你怎么那么不理解我的思想啊？他就不理解啊，他就不知不觉，或者后知后觉，这其实很正常。

面对不同的管理者，也要看到这点。我记得有一次我和一位副省长（原某集团的董事长）一起喝茶聊天，最后走的时候他说了一句话："决策者是孤独的。"说得太对了，有些事情你怎么说别人都不理解，怎么理解啊？很早以前，当时他那家集团还在山沟里，他说他们要出一百个总经理。别人不理解，曾经当面对他说：你喝多了？现在再看，人家集团下面 4 家上市公司，68 家法人机构，你算算出多少总经理，都是控股的啊。

无论是工作中还是生活中，一定要谨记人与人之间是有差异的，不要要求人家都和你一样。毕竟，在现实世界里，总有先知先觉者，后知后觉者，还有不知不觉者。

先知先觉与预见力是不同的，先知先觉是一种偏于生理的反应，而预见力更多的是精神意识和能力素质层面的，比如李嘉诚曾经说过，金融危机、次贷危机、亚洲金融危机、欧贷危机等都在他的预料之中。他在这些危机到来之前就想到了应对之策，所以他的企业受这些危机的影响都在可控范围内，能熬到春天的来临。我们很多企业家没有李嘉诚的远见卓识，对宏观经济的走势更有可能是一无所知，他们就跟传统的农民一样，靠天吃饭，宏观经济对他们来说几乎成为不可抗力。所以我们建议，企业面对无法避免的经济上上下下，面临无法避免的风风雨雨，要练好内功，自己学会看"天气预报"，一个好的企业应该在经济向上时做好准备，最关键的是要学会在"冬天"活下去，最可怕的是"战五渣"，春天到了，你不在了。

# 资历重不重要?

要取得成功，必须建立起良好的人际关系网。人际关系网对一个人事业的成败及工作的好坏具有极大的影响。良好的人际关系能开拓你的视野，让你随时了解周围所发生的事情，并提高你倾听和交流的能力。

资历很重要。如果大家喜欢看《射雕英雄传》就知道，郭靖这个傻帽儿为什么成了大侠。他不得不成为大侠，为什么？他岳父是东邪黄药师，他兄弟是武林第一高手王重阳的师弟周伯通，他师傅又是北丐洪七公，武林界高手几乎都跟他有关系，自己的武功也很了得，能利用的资源也多，他能不成为大侠吗？进入职场，我们要特别注重积累关系积累资源，要成为郭靖。

一个人有多少钱，不是指你兜里有多少钱，而是指你能支配多少钱，就是说你有多少钱的使用权。人际关系，在中国一般被称为人脉。一个人的钱 12.5% 靠自身的知识，87.5% 来自人脉。

有句话说得好：三十岁以前靠专业赚钱，三十岁以后靠人脉赚钱。没有人脉是无法在这个世界做成任何事情的，而人脉的雄厚与否又和你的资历密切相关。六度人脉理论认为，你和世界上任何一个人之间只隔着不超过六个人。你看，不去积累人脉关系行吗?

在职场中生存和发展，资历非常重要。记住，不要和老家伙们耍心眼斗法，否则你会死得很难看，毕竟，他们是从大风大浪中过来的，即便不说过的桥比你走的路多，很可能很多你认识到的问题，他们早就认识到了。

多做事，多用心，你的资历就会越来越丰厚。周恩来 26 岁就是黄埔军校政治部主任，51 岁就是大国总理，你看到的这些辉煌背后其实积累的资历与人脉简直吓死人。

# 观念转变

做企业搞管理，一定要关注观念转变。某次出差，我看到了《参考消息》这份报纸，它每期上面总是有一些励志的文章，还有一些富有哲理的句子。其刊载的一个故事令我印象非常深刻。有一个小孩眼睛失明了，坐在门口，立了一块牌子要饭。上面写着："我是盲人，请帮帮我。"偶尔会有人给他扔一个硬币。后来，来了一个人，这个人没有给他钱，但是把他的牌子拿了起来，在上面改了几个字。一会儿，小孩就听到叮当叮当一阵响，很多人都给他投了硬币。后来，那个小孩又听到那个人的脚步声，就说："先生请留步，您能不能告诉我写了什么？"那人说："我写的是'今天非常美好，可惜我看不到'。"你看，依然是盲人需要帮忙，只不过是改了牌子。思维变了，表达的方式变了，所收到的效果也就大不一样了。

有一次我们公司在武汉做咨询，报告就写了几页纸，客户不干，一定要让我去。那我就去了，这是体现态度的问题。后来我说，我这次来，不管技术，也不管什么合同什么钱，就为了一个理。其一，谁规定咨询报告一定要写个 100 页或 120 页的？其二，我话说完了，再说不就是废话吗？几页纸已经解决问题了，解决了不就完了吗？你是让我来做咨询还是让我来写报告的？你的思维很怪嘛。客户就接受了。

还有一个甘肃的客户，在我们做完咨询后跟我们说，你们骗我们钱，报告中的结论跟我们原来想的一样，这怎么行？我说，你怎么就想不明白呢？你为什么找咨询？是，你是很聪明、很深刻，但你找我们做咨询，是因为你自己吃不准。我经过论证确定它是对的，我还非得弄个错的结论给你吗？你这是什么观念？大家想想看，很多事情稍微一变就不一样了。

作为企业人，作为管理者，我们需要转变观念，因为好多事情做不好，不是由于别的什么问题，而是由于我们自己的观念出了问题。

一切转变都从观念的转变开始，很多事情不是我们做不到而是我们想不到。

# 强调事情要可控

泰罗的科学管理之所以受到追捧，无非是因为他创造了一个理论：只要将管理的职能分解到每一个具体的元素，一切生产和服务就有被妥善控制的可能。当我们发现组织不仅具有机械的一面，还有人性的一面的时候，我们就感到有些惶恐，因为我们觉得很多人和事仿佛又不可控了。

管理其实跟做人一样，要抓住可抓的部分，不要漫无边际。比如说，我现在要去人民大会堂参加一个会议，路上堵不堵车我控制不了，这是不可控的。我可以控制什么呢？我可以控制出发时间，早点走呗，可以控制交通工具的选择，我可以选择打出租车，坐公交，或骑自行车，然后估计一下时间，尽量把可控部分增大，而不是稀里糊涂的，例如不知道人民大会堂在哪儿，碰到公交坐公交，看到出租打出租，没有一个规划，这样是不行的，会失控。

尽量降低不可控部分，或者是通过可控部分去控制不可控部分。比如说，我要三点钟到，我可以控制的是可以提前些走，一切都是围绕目标来实现的。又比如咨询项目竞标，找熟人帮忙显然不可控，踏实做好准备是可控的；即使找到熟人能否帮得上忙也不可控，围绕客户的要求准备周全才是可控的。

当然，先做可控部分并不代表我们面对复杂事情时就只能呆坐着，等待事情的发生。那样做也太消极了，我们从来不呆坐着看事情发生，而是去主动令事情发生，创造一切条件把可控部分增大，这才是积极的、主动的做法。

# 不要限于局部

作为管理者，不能只见树木，不见森林，仅仅考虑一池一城的问题，不能日计有余，岁计不足，眼睛只盯着脚尖，仅仅考虑一步的事情，而应当胸怀全局，高瞻远瞩，着力于谋大事、做大事和成大器上。

考虑问题，一定不要限于局部，否则，容易一叶障目，不见泰山。比如，在公司我经常要听取业务汇报，我一般要求汇报人先整体概述一遍。然而，做汇报的人常常是打开幻灯片就开始一张一张地讲。我不得不经常打断他，说：别急，你先放到演示那里，我看看总共有多少张，大体是什么，用多少时间。我要求他们脑子里有个总的概念，不要限于局部。

我们经常这样，好多问题陷入细节里出不来，以致忘了大方向。或者我们经常忘了我们想做什么。其实，我们首先要关注的是整体，然后在此基础上再关注局部的、细节的东西。

我有次去厦门参加某电力集团的会议，我们公司市场部的人要同去，我是星期五晚上到，星期六演讲。会议是星期四开始。我周一碰到他，问要准备什么资料吗。他说没什么。周二我又问，他还说没什么。到了周四，我最后问他都准备了什么，他说带了几份资料。我问他，你是去干什么去了？你是去做市场，你不带资料，就靠嘴巴吗？那么短的时间，你能跟几个人说上话。我们公司出了那么多书，那么多宣传材料，你不做展示，你营销什么呀？会议周四开始，你订周五和我一天的票，你去干吗呀，给我当保镖吗？太限于细节了，本来他最应该关注的是如何把市场营销这个整体工作做好。

限于局部，有几种情形。一种是忘了大方向，一种是故意增加了很多变量。许多人做事情，喜欢大帽子底下开小差——偷换概念。比如，我们讨论人力资源规划问题，应该先讨论目前的人才需求总量，而不是考虑好不好招聘的问题。

我们公司新印画册，我说这里面除了山水，不要出现任何别的图画。这个大的原则已经定下来，就决不要再改变。可是等我出差回来，从机场回来的路上，品牌管理人员拿给我看，最后画面里面竟然出现了一个望远镜，这张图单独看确实很漂亮，但是整个画册就不统一了。我说原则我已经说过了，你居然就能违反，你是陷入局部忘了整体了，现在每说一个字都是浪费时间。

这些都是限于局部，不顾整体的典型例子。这样的例子在日常生活和工作中并不鲜见，我们需要通过自己的主观努力去改变这种思维误区。

# 崇尚简单，尊重多元

崇尚简单就是说话做事平白、朴实，不绕弯子，不要把简单的事情复杂化，而是要把复杂的事情简单化。比如开会、写文章、定制度，说完就完，不要为了凑人头或者凑字数而弄得复杂起来。把复杂的事情弄简单不容易，把简单的事情弄复杂很容易。

湖南有家造纸企业，因经营无方，多年亏损。新老总上任后，发现职工作风散漫，上班下班该干什么，不该干什么，没个标准。是真没标准吗？其实不是这样。办公室主任告诉这个老总，企业不但有规章制度，而且非常详细。说着，抱出一堆管理条例。老总一看，好家伙，厚厚五大本，足有几斤重！老总翻了翻说，这么复杂的东西，谁看，有谁记得住？于是，亲自主持制定了两项管理制度，一项叫作“四无”，一项叫作“五不走”。“四无”即车间必须做到：无垃圾、无杂物、无闲坐闲聊人员、无乱放成品半成品。“五不走”即工人下班必须做到：设备不擦净不走、材料不放整齐不走、工具不清点好不走、记录不填好不走、现场不清扫不走。两项制度一共九条，简单清楚，人人明白。自此以后，工厂管理大有起色。

关于内部会议，我们也应该崇尚简单，不是说一定要开多长时间，一定要有多少人参与，只要能处理好会议要解决的问题就行。在我们公司年会上，总是有一些员工代表的发言时间比我这做老总的还要长，讲的好些话不是啰里啰唆，就是废话连篇，没有做到言简意赅，这其实是在浪费大家的时间，降低整个年会的运行效率。

又比如公司内部人际关系，我们也需要崇尚简单，不应该像行政部门或事业单位那样，大搞内部政治，把人际关系复杂化，弄得组织内部各立山头，派系复杂，以致损害组织的整体运行效率。

崇尚简单，同时我们也尊重多元。尊重多元的价值观和利益诉求，也就是尊重自己。在公司内部管理中，我提倡尊重不同意见。无论你提出哪方面的意见或建议，只要符合公司制度规定，符合社会普遍规范，都应该予以鼓励。如果合理，就加以采纳并尽快予以执行。

# 形式为内容服务

我们写文章常说文以载道，形式不重要，关键是你想传达的意思是什么。例如，有这样一首所谓后现代主义的诗，是这么写的：是否，有咸菜与稀粥，充盈你腹中，在早晨。它要表达什么意思？就是问你吃早饭了没有，形式挺复杂，但纯粹是扯淡，绕弯子。

管理上也是一样，我们做了大量的管理形式，没有为你的目的服务。举个例子，上次去山东大学讲课，他们接我。我坐的是末班飞机，下飞机后上车我就在后座上迷迷糊糊，一过高速收费口，司机就说了一句话："嘿，不愧是航空服务，就是不一样。"我一听就来了兴趣，坐起来就问"什么意思？"我对这非常敏感。司机说："济南机场高速公路从公路局转给机场管理公司了，机场按照航空服务标准来管理，服装统一，语言统一，手势等全都统一，很好很好！"我一听，嘿，这很有意思啊。就嘱咐他到了出口交费时提醒我坐起来看，我要看是什么样的航空服务。一看，扯淡嘛，收费小姐很漂亮，笑容灿烂，手势优美。可是，五条通道，他们只开通了一条，在我前面有六辆车，排队。

机场管理公司搞错了，我来走机场高速的目的，是为了快速、安全通过，如果我能舒适、便捷更好。我不是特意来看你笑的，你笑得跟一朵花似的，我看着也觉得很丑陋。我的目的是快点通过，满足了这个最基本的需求后，如果能舒适就更好。写文章是这样，管理也是这样，不能忘了自己的主旨，把精力放在皮毛上。

有很多管理绕了个大弯子。比如说，我在内部倡导，有一条写一条，别搞那么多废话，为了什么什么目的，经什么什么研究，参照了什么什么惯例……然后写那么两条，累不累得慌？第一条是什么，第二条是什么，往墙上一贴，最后汇总起来，就是咱们的制度啊，整那么多废话干什么，全是浪费，有时还让人看不懂。文以载道就是这个意思，道是核心，文是形式。如果我们有空，我们把这文件的文字要写得漂亮，打印格式也更漂亮，但实用才是核心。

你看电视上的武打戏就是一个例子。有些人哼哈比划半天，弄得眼花缭乱，最后却被人家一拳干倒，这就是典型的形式大于内容，你哼哈半天的目的还不是打人嘛，结果被人家一口气吹倒了，有什么用？所以说，关键在于内容，形式是次要的。

# 守时，但不要期望别人也守时

“不能管理时间，就什么都管不好。”在管理上，守时很重要。对于一个优秀的管理者来说，守时是必须做到的基本要求。

时间是世上最宝贵的财富。浪费时间就等于浪费财富。不懂得利用时间的人不会成功，只会失败。做任何事情，如果没有时间概念，计划再好，目标再高，能力再强，也是竹篮子打水一场空。

守时是美德之一。时间无限，生命有限。因为人这一生，活的就是时间，不守时就是谋财害命。

无论是在管理中，还是在生活中，都要守时，比如说公司会议，我不会等，但特殊情况除外。2001 年我们在南京某军工企业做咨询项目，项目组从宾馆出来，有个成员突然说要回北京面试，考人民大学的博士，坚持要走，而项目正在关键时刻，客户又是军工企业，属于绝密单位，不准换人的，我们必须严格遵守规定。去的地方要经过两道岗，时间已经非常紧了。进了门，我一路小跑赶到会议室，迟到二十几秒，主持会议的党委书记一脸严肃，表情很是不满，脸色很难看。项目组的其他成员都比我年轻，但都没有和我一起跑，等了好几分钟，我呼吸都比较均匀了，他们才到会议室。

会议结束后，我狠狠批评了他们一顿。

守时是大事，而不是小事。例如，我和我公司市场部的一位经理一起参加一个论坛，时间到了还没开始，过了十分钟，还没有开始，我起身就走，别废什么话，爱谁谁。守时与守信，是联系在一起的。守时是最小的事情，但它体现了最大的意义。守时其实是最简单的，但很多人往往做不到。

人生就是时间，不守时，浪费别人的时间就是图财害命。能够把握时间的价值，才能把握人生存在的价值。

不要瞎忙。忙碌并不说明你干得对，只表明你在干事儿，干一大堆的事儿，很可能干得太多了。忙碌使你滥用了自己最不可逆的两大资源——时间和精力。

守时也要惜时，能节约绝不浪费。有一年我应邀参加中国五矿集团的大会，他们公司规定集团层面的会议一定要控制在一个小时之内，那次会议组织环节非常严密，会议中还有一个重要的发奖环节，他们为了控制时间，只宣读获奖名单，不搞发奖仪式。这种对时间的珍惜精神，值得学习，这种效率、这种管理水平值得钦佩，值得尊重。

作为职业人，守时是我们必须做到的基本准则之一。但是，你不要对别人也抱相同的期望，毕竟这个世界什么素质的人都有。你自己一定要保证遵守时间、信守约定，但是对别人别抱同样的想法，别期望别人也遵守时间。

# 对事不对人

对事不对人，强调的是一种公平原则，一种一视同仁的态度，从某种角度而言是对员工、对下属的尊重。而且，对事不对人有利于形成一种公平的氛围，有利于公司理性健康的成长。对事不对人，这一点非常重要，但在管理上是非常困难的事情。很多管理者虽然常常说对事不对人，但他们之所以这样说，是因为他们认为焦点在于管理当中的一些技术性问题，认为只要搞定这些事情就行了。其实在很多情况下并不是这样，很多问题的出现往往与企业内部制度、奖励、公平这些方面无关，而与员工的情绪、思维甚至心态有关。

因此，当一些管理者说对事不对人的时候，其实他们并没有能力或者并不敢搞定所面对的员工，这样往往会造成严重的后果。因为如果管理者的看法、行为和其操作模式等没有作适当调整的话，根本没有办法配合企业的策略、方向进行卓越的领导。

我们一说“事”，大家总是把事对应某个具体的人。比如说我一说我这个房间不干净，大家就很容易把这件事对应到保洁员的身上。我的意思其实就是把这个事情解决了，无论是谁去做，都不重要。我们要有这种把事和人分开的意识。又比如说要加强人力资源管理工作，并不是要加强人力资源部某个人的能力，我只要求加强人力资源管理工作就行了。

在管理沟通中，我们如何才能做到对事不对人？首先，沟通要善于讲求普遍性，不要涉及具体人。因为问题是通过具体的人和事表现出来的，所以在沟通的过程中，很难做到不涉及具体的人，但是沟通的目的在于解决问题而不是针对某个人。在实际工作中，问题有可能广泛存在于诸多岗位及工作环节中，虽然表现在一个点上，但是具有普遍性，是系统性的问题，需要在公开的、较大范围内对某一特定问题进行广泛沟通，目的是阐述此问题的普遍性，在整体上使问题得到解决。

就事论事在管理新生代时尤为重要，新生代特别讨厌你给他定性，迟到就说迟到的事，你就问他为什么迟到了就行，他说他堵车了，跟他是不是散漫没关系。

其次，沟通要针对具体问题，不要针对人的个性特征。比如小李上班总是迟到，如果沟通时讲：你为什么总是迟到，怎么这么懒啊？这样说就会引起当事人很大的反感，不是成功的沟通方式。但是如果换一种方式，例如上周二、周三迟到，这次又迟到，有什么问题吗？这样既具体指出问题所在又不涉及个人的个性因素，比较容易让人接受，同时也减少了辩解的理由和空间，有利于问题的解决。要对问题进行具体分析，进行深入细致的沟通，不要因为对个性的争执导致矛盾升级。

最后，要就事论事，不要牵扯到人格的问题。人无完人，每个人在性格方面多少都会存在一定的缺点。在沟通时，不要涉及人格、自尊等方面，否则面子、荣誉之争会使沟通偏离主题，从而产生更加难以化解的矛盾。

无论是对待工作还是生活，我们必须遵守这一点：我们是解决事的，而不是解决人的。很多人容易把管理庸俗化，把具体的事对应某个人。对于这种情况，我们应该尽力避免，严格做到对事不对人。

# 直面问题

管理中，我们会面临各种问题，有些时候会怨天尤人，或者能躲就躲，但问题是躲不开的。这时候，我们怎么办？无他，只有直面问题。比如，我中学时的哥们给我介绍一个黑道朋友（其实就是爱打架）来我公司任职，说只要有个事儿干就行，钱多钱少无所谓。我怎么处理？躲是躲不掉，那就直面问题，坚决不予接收，反正天塌不下来。

2000年，我们在企业咨询项目中，对方给我们的部分资料让我们搞丢了，对方以此为理由一直不结款，我们项目组的项目经理很无奈。其实那些资料并没什么重要的，只是当时在交接的过程中没有明确可以不归还而已。对方不结款，并没有解决问题，既然你关注的是资料，不是钱。那资料我确实找不到了，怎么办呢？现在处理办法有三条：一是停止合同履行，追资料；二是资料给定价，该赔1 000万元我赔；三是拉倒，结案。我必须要有个结果。如果按资料走，也有资料的说法：第一，如果资料涉密，你可以处罚我；第二，涉及合同，合同里面有处罚条文。如果按钱走，有钱的说法。不管走哪条，都得有个说法。项目经理在逃避问题，这不是办法。后来他直面问题，就把问题解决了。

直面问题，并不代表要一次解决所有问题。那种企图解决所有问题的观念，本身就是错误的。我们一个项目经理在某个客户那里做咨询方案汇报时，就试图回答所有问题，结果呢，弄得下不来台。不要存有这种观念，只要直面你该解决的问题就行了。

直面问题是一种优秀的心理素质，是镇定从容的外在表现。该发生的事情一定会发生，无须逃避。既来之则安之，躲不掉，更不要慌乱，慌乱于事无补，反而自乱阵脚。

# 好记性比不过烂笔头

想成为成功的管理者，你必须不断学习，从工作实践中学，从书本中学。但很多人对于从书本中学习却缺乏有效的方法，总是期望速成，结果收效不大。他们总是只看不动笔，结果好多有用的东西，在看过后几乎立马就忘了。还有，要把涌现出来的各种想法一一记录，如果有了一个好的想法，不及时把它记录下来，久而久之，很可能就忘了，落了个空余恨。

鲁迅先生曾提出，读书要“眼到、口到、心到、手到、脑到”。为了提高自己的理论功底和写作能力，你必须养成这样的习惯——不动笔墨不读书。读书动笔，能够帮助你记忆，掌握书中的难点、要点；有利于你储存资料，积累相关素材；也有利于扩大你的知识面，提高你的分析综合能力。

不动笔墨不读书，是很多人体验、总结出来的良好的读书方法，对于加深管理理论功底、提高文稿写作能力来说，也是一个很重要的基础训练方法。要勤动笔墨，特别是管理者事务繁多，很多想法稍纵即逝，比如在飞机上，比如会场上，比如正在讲一个事情，突然联想到了其他的事情，那就随手记下来。我就经常在飞机上向空姐借支笔，将随时冒出来的想法记在清洁袋上，不知道的人还以为我有收集清洁袋的怪癖呢。

有了好的习惯，我们就不会因记忆问题带来懊恼和沮丧。要记住，好记性永远比不过烂笔头。

# 节俭不是小气，小气未必不好

做企业和做人是一样的，要特别有成本意识，这是一种习惯。我在公司办公室除非必须开时才开灯，打印纸一定是双面用的。正如我们所说的，节约就是净利润。

节俭不是小气。“小气”和“小器”不一样。这个“小气”是和钱财有关的，跟利益有关；而“小器”是跟肚量和视野有关的。我说的是前者。有一次我和一个老板聊天，他说有一次在美国请了一个世界500强企业的老外一起吃饭，吃饭剩下了一点娃娃菜，结果这个老外就要打包。所以说，节俭不是小气，就算小气，为了企业整体利润小气也未必不好。

我去一个中央企业讲课，那个公司老总讲话特别谈到节约建设，就是建设节约型企业的话题。他说的跟我在我们公司年会上说的很多话几乎一样，比如说节约是美德。我还多讲了一句话，就是“不论谁出钱，都要把每一份钱视如己出”。因为我们很多的费用都是客户出的，全包了。特别是有一些由我们自己来掌握的，比如说酒店，客户给安排了，但有时候允许你签单。如果能做到花别人的钱跟花自己的一样，就比节俭更难得了。

我曾经遇到这样一件事情。从上海来的一个老兄，我们在武汉认识的，我觉得他这个人能力不错，就成了同事。他来了北京，陪我去济南。住在一个五星酒店，我在那里可以签单，客户埋单，但是前后住了20多次，我从来没有签过单。这老兄一进去就签单，买烟时说王总你应该换烟，不由分说就把我的烟换成“中华”的，把我的“差烟”都拿走。第一次吧，就当人家热情，我就没说啥，也许就这么一次呢。后来，我们去了福建，抽“武夷山”，抽“五四”，800多块钱一条啊，他还向客户要。他说，王总抽烟怎么还是“金桥”呀？我觉得问题严重了。回到宾馆，我就好好跟他聊了一聊。我说小事见大事。我抽这个已经不是一天两天了，我没觉得怎么样。现实就是这样的，企业人要有节约意识，但是同时我们要尊重个人。谈到一个自然人时，尊重最重要。每个人有每个人的活法，你要尊重我。

人要节俭，节俭是一种精神，要倡导。我上个月月底有个例会，因为一般都是先开经理会议，再开全公司大会。大会很简单，几句话就完事了。经理会议在我办公室开，我站着说的，我指了一下，我说你们看我这个灯，我屋那个灯，只要有光线我绝对不开。但是你们有的部门，竟然一进门就先把灯全部打开。我说你在家里也这样吗？绝对不会吧。我们这个电费是打到房租里的，不用再额外掏钱了，我们那个房租是定额的，电费，上网，物业，不用再掏钱了，随便用。但随便用并不代表真要随便用，做事做人一样，在家里怎么做在单位也一样。我们公司现在用打印纸，很多部门现在已经习惯了，双面纸双面用。我们公司现在不只做管理咨询，还做图书，图书的打稿纸，财务会计收回去可以做封条，贴票。一分钱，一分钱哪来的？挣钱难，谁说一分钱少？尽管我一再强调节俭意识，但公司员工还是存在一些不太好的现象，比如：在天气晴朗、室内光线充足的条件下，却打开所有的照明灯；外面下雨，空气凉爽，室内却呼呼开着空调冷气；记事本上斗大的字没几个就占一页，等等。

还有一个方面，我们很容易忽视，就是时间的使用问题。在时间上我们要特别小气，时间的窃贼太多了，稍有不慎，时间就被偷走了。时间有限，可以说比其他物质资源更为宝贵，用钱是买不回时间的。工作中一定要注意规划，防止不必要的浪费。

# 离开后应该如何评价前公司？

有一个关于佛陀的小故事。佛陀在旅途中，碰到一个不喜欢他的人。连续好几天，好长一段路，那人用尽各种方法诋毁他。最后，佛陀转身问那人："若有人送你一份礼物，但你拒绝接受，那么这份礼物属于谁呢？"那人回答："属于原本送礼的那个人。"佛陀笑着说："没错。若我不接受你的谩骂，那你就是在骂自己？"那人摸摸鼻子走了。

只要心理健康，别人怎么想都影响不了我们。如果我们一味地在乎别人的想法或说法，就会失去自主权。可我们这些职场中的老人，却有不少人缺乏佛陀的这种心态，过于计较得失。有些人在离开其曾经就职的公司后，总是习惯性地诋毁以前就职的公司。这对他其实一点好处都没有，相反，还可能招致新公司对他产生不好的看法，影响他在新公司的发展。若刻意去诋毁前公司，做人何其可恶，何其卑劣，何其短视！理性的职业经理人，是不可能犯这种低级错误的。

作为职业人士，不能轻易下断言，尤其是在评价原来任职的公司这件事情上，更要慎重考虑。如果对原来公司有很多不满，可以选择沉默，也可以赞美它某个方面的突出之处。

# 创新无所不在

事业、工作是获得幸福的源泉。但是，世界上的一切事物都是在不断发展的，因此，事业要获得新的成就，人生要得到新的幸福，必须依靠人的创新精神。

有些人总是觉得创新很神秘，似乎只有极少数人才能做到。其实，创新有大有小，内容和形式可以各有不同。当今，创新已经不仅仅是科学家、发明家的事，它已经深入到普通人的生活中，很多人都可以进行创造性活动。创新无所不在，无时不在，我在公司已经讲了不下 20 次了。我跟各部门讲，如果你回顾今年和去年没有创新没有改进的地方，我们公司就该关张了。

国内市场出现过一个品牌叫梦露，它只做女式睡衣这一个产品，售价为 188 元一件，只有两种款式，吊带的和齐肩的，也只有两种颜色，橙色和紫色。他们用了一个不一样的销售方式——送。怎么送呢？免费。如果你穿了感觉很好，就请你帮着做口碑宣传。

如果这件睡衣送给你，你会要吗？当然会。但它提了另外一个要求：我们送给你是可以的，快递费你出行吗？快递费是每件 23 元，支持货到付款和退货。那么送多少呢？第一阶段就送 1 000 万件，计算一下，188 元一件，1 000 万件，等于多少钱？ 1.88 亿元，这家公司愿意拿 1.88 亿元砸一个市场，到底它想做什么？它怎么赚钱？

那么我们算一笔账，1 000 万件睡衣，首先需要解决货源问题。做生意的人都知道，中国义乌小商品批发市场世界闻名，在那有很多小型的服装加工厂，所以制作起来，成本可以很低，而且有 1 000 万件，注意，是夏天的女式睡衣，第一，款式简单，第二，省布料。梦露睡衣生产成本只有 8 元，但是到消费者手中没有任何商场环节，所以 8 元的睡衣拿到商场里卖 188 元。

接下来就是快递的问题了，平时快递一样东西，至少需要 10 元，但如果我一年有 1 000 万件快递要在你的公司运送，可不可以便宜？最后敲定 5 元，因为夏天的女式睡衣一个信封就可以装下。

下面就剩下广告了，本来网上做这种免费送东西的广告是不需要花钱的，因为网站要的是浏览量。不信你试试看，如果产品免费送，我保证 N 多网站帮你送东西。但是，为了让我的睡衣送得更疯狂，只要在你家的网站上送出去一件，我就给你 3 元的提成，你是不是会把广告打得更疯狂？于是，所有的网站都帮着打广告。最后，他们送睡衣一年就赚了 7 000 万元。

创新无所不在。只要你用心，你就有创新的可能。因为有了创新，你就有了赚大钱的机会，企业就有了飞速发展的可能。当然，创新主要是一种文化的培育，一种精神的塑造，我们千万不要太功利了，更不能可笑地将创新指标化了，今年申请专利多少，新产品获奖项多少，那就无聊了。

# 企业舵手

马云说："不是你的公司在哪里，有时候你的心在哪里，你的眼光在哪里更重要。"企业家的格局决定企业的格局，企业家的高度决定企业的高度、远度。国内的很多企业老板既是老板又是老总，既是销售人员又是会计，既要懂财务又要懂人力资源，国外职业经理人有专业的分工，管理系统是实打实的，可以借鉴。国内与国外相对成熟的职业环境不同，国外有宗教，有基本的职业伦理。境外很多行业都没有咱们所说的绩效考核，香港的餐馆根本没有考核，餐馆的服务人员，放下抹布就去拿扫把，他不会闲着的，这都是他的活。地面要干净，桌面要干净，客人要迎送，小孩要照顾好，这是他最基本的工作。而我们这儿，你不给他个绩效目标，他就不干，他说他是扫地的，来了客人他也不迎接，这就是缺乏职业伦理的表现。我们缺乏基本的职业伦理，还有宗教。宗教有很大的职场约束，比如正直诚实，国内不敢说没有，至少比较稀缺。我们需要在企业里寻找最基本的问题面，寻找最合理有效的解决之道。

日本企业150年以上历史的有21 666家，我们就5家，为什么？从老板层面上可以看出端倪，我们的企业老想着做大做强——一个酱油铺怎么做大做强？把酱油铺做一百年不行吗？

还有家族企业的传承问题。我的观点非常明确，如果把企业当作家族财产，那么一定要传给后人，不要聘请职业经理人，因为如果你把它当作家族财产的话，你聘请了职业经理人他也没法干，人家不是来当管家的，人家是职业经理人，是来发展企业的。反过来如果把企业当作成企业看，那就一定要聘请职业经理人，不要给子女，如果子女或者亲戚有职业经理人的素质，可以聘用。

企业要解决彼得高地的问题，特别是国有企业。什么叫彼得高地？比如说国有企业，我们一般会把下属企业优秀的老总提到总部来干诸如战略部经理之类的职务，国企经常这样，这就叫彼得高地。他在业务上是个高手，在管理岗位上是个棒槌，这是外行充内行，这种现象很普遍。怎么办？只能死马当作活马医，给他补点儿课，聊以自慰。

对企业家来说，视野成就未来，预见方能遇见。

“这是个最好的时代，这是个最坏的时代”。在这个时代，富人的奢侈性消费与穷人的生存性消费并存，资本市场的投资性繁荣与大企业融资贵、中小企业融资难并存，要求加大社保投入与要求减税的声音并存，民企提出共享垄断蛋糕与社会要求国企回归公益并存，精英主义与草根政治并存……

大崛起时代需要大智慧，只有关心全球全国大形势、大方向才能把握命运，赢得未来。

预见力是最值钱的。

李嘉诚甚至说，金融危机、次贷危机、亚洲金融危机、欧债危机等都在他的预料之中。他在这些危机来临之前就想到了应对之策，所以他的企业受这些危机的影响都在可控范围内，能够熬到春天的来临。

中小企业主并没有李嘉诚的远见卓识，对宏观经济走势更是一无所知，他们如传统的农民一样，看天吃饭，宏观经济对他们来说，是绝对不可抗力。

企业无法避免面对经济的上上下下，也无法避免一定会面临的风风雨雨。归根结底要练好内功，自己学会“天气预报”。一个好的企业，应该在经济向上时做好准备，最关键是在冬天要活下去。最可怕的是，战五渣，春天到了，你不在了。

预见力是最考验本钱的。

未来具有可预见性和可推测性。那么如何才能准确预见未来呢？信息时代，你慢一秒，就有可能意味着失去赢得先机的机会，还有可能让一个正在成长的企业关门大吉。

我们能够预见到不久的将来，是基于以往的经验、充分的训练和其他洞察力。正是预测力让我们能抓住一个球，能不用思考如何放脚就走下飞机的舷梯，能知道一首乐曲的旋律，能通过看同事的脸预知他们的反应。过去十年，最新的科学研究成果已经揭示出，是什么让最优秀的运动员、音乐家、领导者、演员如此与众不同——这并非因为他们的智商高于我们，或是其他普遍假定的优势，而是因为他们比别人提前预测了未来，仅仅提前了两秒钟而已！

移动互联网时代，我们经历深刻的变革，有预见力，最重要的是要有时代的敏感性，要善于见微知著，在事物初露端倪时，就敏锐地把握它的本质和走向。我们有幸生活在一个伟大的时代。现在的中国，正处在伟大盛世的起点。身处于这个时代，惊叹于科学和技术革命带来的瞬息万变，在现实与理想的时空地带驰骋，在一切改变的发生都变得可能的今天，有很多东西正在离我们远去，有很多东西正在漠然中消逝；但总有一些东西被我们珍惜，被我们坚持。也许，正是这些被我们珍惜和坚持的东西，成为这个世界发展的原动力。这就是：爱，真理，正义，成长……

国家富强，民族昌盛，经济繁荣，人民幸福，社会和谐！我们一定会遇见！

先遇见，再预见；

遇见了可能助预见，预见了未必能遇见；

遇见是最美的预见！

# 如果没有做大的心态，肯定做不大

被誉为清代“红顶商人”的胡雪岩曾有一句名言：“做生意顶紧要的是，眼光看得到一省，就能做一省的生意；看得到天下，就能做天下的生意；看得到外国，就能做外国的生意。”这句话的意思就是，眼光有多远，成就就有多大。

做企业一定要目光远大。如果没有做大的心态，企业肯定做不大。愿景，一定要大。我一直坚持认为，你这个企业目前的状态、曾经的状态并不重要，将来的成就才是最重要的。做企业你不要就制定一个两三年的计划，否则就不要做了，做个小食品铺算了，那是做生意。做生意与做企业是不一样的。做企业、做公司，你一定要考虑到无限远，永远不倒，永远在。假设仁达方略管理咨询公司最后卖机器去了，卖酸奶去了，可是仁达方略还在，作为一个营利组织还在，要的就是这种气魄。老盯着这两三年，我在这个行业排第几了，我今年赚了多少钱了，没意思。所以不要被朝夕的成败所左右。

另外，心态一定要大。亚洲首富、软件银行集团公司创始人孙正义在不到二十年时间内，创立了一个无人与之匹敌的网络产业帝国，拥有雅虎大部股份、阿里巴巴 1/3 股份。他 16 岁时，到美国加利福尼亚州伯克利上学的时候，就曾勾画了 40 个公司的雏形，并设计了一个 50 年创建公司的计划，如何筹集资本，如何把发明创造传下去。孙先生 1980 年从伯克利大学毕业后，就回到了日本，继续修改他的企业计划。23 岁，他创立了软件银行公司。公司软件推销业绩，全日本第一。1994 年软件银行公司上市，筹集到 1.4 亿美元。从此，他的软银集团开始大步腾飞。然而，孙正义总结他今天的辉煌业绩时说，这主要得益于他当初目光远大。当初，他曾经雇了两个人，自己站到一个木箱上把自己的宏伟蓝图慷慨激昂地对他们宣讲，这两个人却都呆呆地看着他，认为他是个疯子，然后就辞职闪人了。

马云的创业历程也是如此。马云心目中的阿里巴巴网站必须是全球性的，否则阿里巴巴只做国内就变成没有买家的卖家。而且阿里巴巴必须迅速覆盖全球，否则失去第一就失去意义。马云被自己的梦想所激励，1999 年 3 月 10 日，阿里巴巴公司在马云家中创立。他没日没夜地工作，屋子的地上有一个睡袋，谁累了就钻进去睡一会儿，他笑称阿里巴巴是中国电子商务的阿里妈妈。

2012 年年底，我们从建达大厦搬到北洼西里的一栋独立办公楼里，楼宇坐落在美丽的昆玉河畔，我们办公区楼很醒目。我们有一个咨询师，这个人很有个性，自己一个人坐在那里说："好，好，什么都好，就是太大了，太奢侈了。"（我们的办公楼也是门面房。）

现在来看，有可能今年就不够用了，因为我们新增的管理大数据业务突飞猛进。我就是这么一个人，很多目标我都会挑好的方向去做，但是有人不理解。为什么？区别就在于我有做大的心态，而他没有。

太原市十里通行的主干道迎泽大街，据说是当年为了迎接毛泽东而修建的。宽度 70 米的迎泽大街，在 1955 年开建的时候着实令人们瞠目了一段时日，那时太原城的路只有六七米宽，70 米的大街带给大家的震动是可想而知的。后来审批修建迎泽大街的领导因浪费资源被判刑了，到现在这条道不够用了。

“十三五”期间，我们很多地方开始城市管廊建设，原来的城市管网拆了建，建了拆，就是目光不够远。

# 不是不会做，而是没有想到，没有首先做到

上世纪 80 年代 A 先生调到某市委做副书记，当时某市出租车行业服务质量非常差，换了两任副市长都管不好，市里就让 A 先生试着去管管，大家拭目以待看他怎么解决这个老大难的问题。一年下来 A 先生从来没有去过出租汽车公司，也不去调研，不去访谈，公司门在哪儿都不知道，但是出租车行业风气却有了很大改观。为什么呢，原来他忙着办驾校去了，一年多，A 先生牵头在全市创办了三所大型驾校。原来呢，因为考证太难，有驾照的人非常少，报了名半年后才能上车练习，一年多才能拿到驾照，学费 6 800 元人民币，你想啊，那可是万元户算富人的年代啊。结果呢，就是有驾照的人很少，大部分都是单位选送的。所以即使出租司机出了问题，出租车公司也不敢管，否则车就趴窝没人开了。现在呢，有了新的大型驾校，考证容易了，半年就可以拿到驾照，费用降到了 3 200 元人民币。这个门槛就可以让很多人有机会考驾照，新司机多了，出租车公司腰杆就硬了，看谁不顺眼，就对司机说“你可得好好干，不好好干，还有一大堆人等着呢”，很快服务质量有很大

的提高。这件事情，说是系统思考也好，指东打西也好，是一种观念上的转变，从另外一个角度切入，把问题解决。

很多事情，不是我们不会做，而是没有想到，或者是没有首先做到，就像哥伦布把鸡蛋竖立在桌子上一样。先行一步，至少有更多的机会调整错误。总是步别人后尘的人是成不了大器的。特别是搞经营做公司的人，都知道一些管理手段，谁不会啊，只是聪明过头了，没有先做起来。有很多手法简单到不可思议的地步，你就没有想到，人家想到先用起来了。成功并不需要你知道多少，而是依靠你做了多少，所有的知识、计划、心态都要付诸行动。不管你现在决定做什么事情，设定了多少目标，你一定要马上行动。

我 2006 年写了一本书叫《集团管控》，卖得很好，因为当时各省都在搞大产业整合，客户也呼啦啦上了很多，我们公司当年来了一个咨询师，曾经对此很不以为然。为什么？是嫌它太简单了，以战略为基础，结构传承战略，责权体系为核心，没有其他什么东西。他认为，单独拿出来，随便找个咨询公司都会做。但是，有几个人能把集团管控整明白？我就能把它整明白。是因为我比别人聪明吗？当然不是，只是我先想到并先做到了而已。拿破仑说得好：“想得到是聪明，计划得好更聪明，做得好是最聪明又最好。”的确如此。

美国的航天飞机设计制造出来以后，它的设计者讲了这么一段话：我航天飞机的任何一个部件、任何一个技术路径都是现成的，都没有新东西，谁都有。但是，我的航天飞机谁都没有，是全新的。

当然，思想背后还会有很多东西。比如小米，你可以琢磨一下它背后有什么东西？又比如蒙牛，先有市场后有工厂，实在是再简单不过的事情了。但是，你没有把它转化到你的企业中来用，照旧不起任何作用，这是很简单的道理。我做管理咨询，就是遵循先有市场后有工厂的路子。想当初，我一个人单枪匹马创业，做到今天成为行业内有名的大型管理咨询公司，不就是因为先有市场后有工厂么？我做企业，就抓两个核心要素。一个是盈利模型，光有业务模型不够，一定要有盈利模型。二是企业文化。盈利有了，就会有人跟着来做；文化有了，就有人会继续接着往下做。

还有些企业领导人不注重管理规律，比如不相信经验教训，不认同做领导要有人才组合，而是专注于盲干，这样企业怎么能够搞好？如果这样也能把企业经营好，那么成功不就太容易了吗？

# 要对新事物敏感

我们有个习惯，就是每年的 12 月 31 日只要能在一起的同学就要聚在一起，有时打打牌扯扯淡，没事唠唠家常。有一次，一位同学随身带了一个东西来，说要投资开发一个新产品，但是样机出来很大很厚，这就是后来轰动全国的“商务通”雏形。我们也就问问，再看看。我当时就说，有了电话本谁还要这个玩意儿。我们就接着打麻将。他不打麻将，就坐在一边琢磨，看，用。我一边打麻将，一边心里就不是滋味。我觉得我糊涂。

我当时思虑良久，我觉得从这次的事情可以看出来，我在很多事情上都存在一些问题。出错，没切中要害，为什么？我想起了一个小例子。上学时，有一次我出去实习，住在一个小招待所。四张床，还有两个推销员。其中挨着我睡的那个，一看就是能说会道的。第二天，剩下那张床铺有人住进来了，是推销另外一种产品的。这个人不爱说话，但是带了产品的信息单，一样一张照片。他看起来，跟推销产品不搭界。但是八面玲珑的那个人就把他问得很细，了解得很透。我当时感触很深。

现在我们公司很多人都跟不上我，这跟我的这段经历有关系。

我一出去讲课，他们问我：你怎么什么都知道？感兴趣。出了新书，我去琢磨、请教，不懂的可以问，时间总是有的，时间多的是。你要怎么了解就怎么了解，关键是要对新事物敏感。企业文化是我们公司现在的咨询主要业务之一，就是因为我很早就对它很敏感了。

Facebook 创始人马克·扎克伯格被冠以“盖茨第二”。马克·扎克伯格在哈佛大学的学生时代创办了“The Facebook”，当时半数以上的哈佛本科生已经成了注册用户，后来扩展到麻省理工学院、波士顿大学和波士顿学院。到 2004 年 4 月，Facebook 扩展到了所有常春藤院校和其他一些学校。Facebook 获得了 PayPal 创始人彼得·蒂尔提供的约 50 万美金的天使投资。Facebook 的成功主要得益于其创始人对新事物超强的敏感和对商机的准确把握。

微信是腾讯公司于 2011 年初推出的一款快速发送文字和照片、支持多人语音对讲的手机聊天软件。它起初是为方便公司内部员工之间进行形式上更加丰富的类似于短信、彩信等方式的联系而开发的。之后经过一代一代的发展，由仅有即时通信、分享照片和更换头像等简单功能，升级为具备简单通信，查找附近的人，分享到朋友圈等功能，微信开始走向国际化。

要对新事物、新的工作经验十分敏感，不墨守成规，不重蹈覆辙，求实进取，勇于探索，勇于竞争。同时，还要及时总结成功的经验和失败的教训，克服缺点，发扬优点。平时，我们不仅严格要求下属，更要严格要求自己。“以其昏昏，使人昭昭”是不行的，中层干部自身也应当是本部门的表率。

对新事物敏感，还要求勇于尝试新事物。我们要以分析的态度接受新事物，并去尝试做新事物，做别人没有做过的事情，不因循守旧。这样坚持下来，做事业才有新的发展，新的突破。

# 不是揣到兜里的才是钱

不是揣到兜里的才是钱，什么意思呢？我举个例子。我们很多人做企业做生意，关注点就只是注意局部，不长远，不宏观，不大气。

张三一直喜欢喝 20 块钱的茶叶。新开茶店里，每次张三去买茶叶，老板都送他半两好茶。张三将好茶攒着待客。一天闲来无事泡壶好茶，竟喝上瘾。喝完免费的好茶，张三便不愿喝 20 块的了。不管他买多贵的茶叶，老板总送他半两更好的。半年下来，张三花在茶叶上的钱是原来的十倍。这是一种生意经，同时它代表一种经商理念，它揭示了你、你的产品、你的服务和你的客户以及企业永续经营之间的这种逻辑关系。有的人恨不得一次把人宰死，把钱赚足，很多人就是这种经商理念，竭泽而渔，就看到眼前的钱，只贪图眼前的利益，丧失了对长远的安排，企业也没有后劲，生意越做越窄，人脉越来越少。所以做企业要有“不是揣到兜里的才是钱”这样的辩证思维。

现在很多企业家都做慈善捐赠，不久前不是还评了多少多少慈善家么。为什么呢？因为他们非常清楚捐赠与获利的长远关系。有人测算过捐赠和利润的关系，好像是你捐一块钱能够回来多少钱，大约是 13 块 6 还是 12 块 5。不管是多少钱，肯定是这个道理。也就是说当你不盯着钱的时候，这个东西往往会来，而且来的还不是小数目。我这么说并不是让大家捐赠时内心还隐藏一些功利的目的，绝不是。

现在几乎所有本土咨询公司都想争得行业老大的位置，做规模。但我从来不考虑这个问题。上次见某媒体，他问我们公司现在多少人，现在是行业的前几，我说不知道，我根本不知道前几是什么意思，是人最多，地方最大，合同额最大，还是利润最多，等等。他们都在媒体那儿争做行业老大却没争上，而我又不是老大，也不争老大，反而我各个方面都发展起来了。我从来不跟同行比这玩意儿。

不是揣到兜里的才是钱，体现了对金钱的态度和正确的义利观。我做企业，谈业务，目的是致力于与客户建立战略合作伙伴关系，并不追求一定要从客户那里得到多少金钱上的回报。我是致力于让仁达方略能够基业长青，把管理咨询作为我终身从事的事业来对待，而不是想捞几把银子就收手不干了。事物的发展就是这样，往往你不关注什么，就来什么；你越是关注什么，反而就越不来什么，就是这么奇怪。

比如说老外吃饭都是AA制，这是因为它是海洋文明、迁徙文化，俩人今天见一面，转身就可能一辈子不见面了。中国是农耕文明，人们很少迁徙，低头不见抬头见，今天不见明天见，所以每次吃饭都抢着埋单，因为下次吃饭就是你来埋单，它是个大AA制。所以这种社会文化，你放到经营理念上看，不是仅关注眼前这点儿钱。

# 预则立，不预则废

前面我们谈到过“不要为没有发生的事情而焦虑”，“预则立，不预则废”这句话听来好像与它有矛盾。其实，预则立，不预则废有其自身存在的道理，它的意思是我们做事情的时候不打没有把握之战，不打没有准备之战。当然，管理是相通的，这些事都可以统一到一点上来。

不打无把握之战，比如合同竞标，自己都没有信心，怎能让客户对你有信心?

在1984年洛杉矶奥运会上实现中国奥运历史上金牌“零的突破”的奥运会射击冠军许海峰是“半路出家”的射击选手，他1976年上山下乡成为一员知青，在广阔天地里劳动，1979年抽调到供销社，当了几年营业员，1982年，非常偶然的一个机会，接触到了射击运动，第一次参加正式比赛，就获得了全省冠军，并于当年12月进入了省队。1983年3月，在全国比赛中，再次获得冠军并进入了国家队，在1984年3月的全国选拔赛（现在叫测试赛）上，又获得冠军。在会后接受体育采访时感慨万千：“我能拿冠军，其实就是一件事，认真准备。”

就像我们做咨询的，第二天要提报方案，你头一天加班一个小时，第二天顺利通过的概率就会以几何级数增加。但如果头天晚上没有对报告精益求精，没有这种“预”，第二天就很可能大意失荆州，或者一个小的沟通失误就直接崩盘。

牢记“预则立，不预则废”，凡事琢磨它，把这个养成一种习惯，好处多多。2015 年我们参加一家大型化工集团的管理招标会，主要是集团管控咨询，最后剩两家，我们一家，还有另外一家北京的咨询公司，他们先期给这家企业提供过人力资源咨询，自然就认为自己对这家企业比较熟悉，所以准备就没有我们充分。我们事先派出了调查组，讲标人员到达后又和调查组人员会合，昼夜加班，深入分析企业的需求，将各种因素条分缕析，内容翔实，针对性强，连幻灯片都做得十分精美。结果投票时，我们全票中标。

在分析事情时，必须充分考虑事情的每一种可能性，等这些都考虑得比较清晰明白了再行动，这样做事情才会有更大的成功概率。

# 要敢赌

“人生最大的赌注是你自己，你要敢赌，你的明天比今天好。这是一种信念，也是一种生活方式。”我们做企业直觉和胆魄相当重要，当然还有一个基本素质的问题。

肯定赚钱的项目轮不到你做，如果谁去做都能挣钱，还轮得到你去做吗？比你资金雄厚的，比你聪明的，比你有背景的早就做了，你不敢赌，那怎么行？所以要敢赌。现在有个时尚的说法叫创新。说那么多废话干嘛，都是赌。什么叫创新？勇于突破，工作要有新方法，要有新举措，要有新理念，要有新领域、新战略，其实就是赌。

敢赌并不等同于胆大，二者既是相互联系的，又是有区别的。敢赌是敢于决策，敢于冲锋。胆大是敢于做别人不敢做的事情、不敢想的事情。

比如北方人是法律允许干我才去干，南方人则是法律没有禁止的我都干，这两种观念差距很大。所以，改革开放这些年，南方人挣足了钱，他们先是走出去，然后是国营改民营，都改完了，而北方呢，还傻乎乎的，你再想那么做都做不了。现在的东北困局，很多内在的原因根源都与此有关。

管理学家彼得说过："成功不过是爬起来比倒下去的次数多一次而已。"不要害怕去赌，即使一时赌输了，也不过是离成功更近一步罢了。

企业家精神的实质中就有创新与冒险的因子，就有敢赌的成分，而且占比很大。

# 要冷静

在任何环境、任何情形之下，保持冷静的头脑；在别人失掉镇静时，保持镇静；在别人都在做愚蠢可笑的事时，仍保持正确的判断，泰山崩于前而不变色，能够遇事不慌、沉着冷静的人，一定是具有平衡力而能自制的人。相反，头脑容易糊涂的人、一遇到非常变故或一受到巨大的压力就张皇失措的人，是弱者，是不足以委以重任的。很多人在很多时候都容易因冲动而失去理性，对事情判断不到位。但是，要想成为一名优秀乃至卓越的管理者，我们就必须做到在任何情况下都保持冷静，做到无论是金钱的损失，或者事业的失败，都不足以破坏我们精神的平衡。

我们看电影的情节，英雄人物有一个共性就是冷静。有一个男孩脾气很坏，于是他的父亲就给了他一袋钉子，并且告诉他，每当他发脾气的时候就钉一根钉子在后院的围篱上。第一天，这个男孩钉下了 37 根钉子，第二天，钉下了 25 根，慢慢地每天钉下的数量减少了。他发现，控制自己的脾气要比钉下那些钉子来得容易些。

终于有一天，这个男孩再也不会失去耐性乱发脾气。他把这件事告诉他的父亲，他的父亲告诉他，从现在开始，每当他能控制自己的脾气的时候，就拔出一根钉子。一天天过去了，最后男孩告诉他的父亲，他终于把所有钉子都拔出来了。

父亲拉着他的手来到后院说：你做得很好，我的好孩子。但是看看那些围篱上的洞，这些围篱已经永远不能恢复到从前的样子。你生气的时候说的话将像这些钉子一样留下疤痕。如果你拿刀子捅别人一刀，不管你说了多少次对不起，那个伤口将永远存在。话语的伤痛就像真实的伤痛一样令人无法承受。

冷静是可以训练的，并不是每个人天生就具备冷静的作风。上面故事中小孩的父亲训练小孩的方法可以说非常值得借鉴。看过美国电影《谍影重重》的人都记得，杰森·伯恩等这些职业杀手的冷静几乎是登峰造极的，而这种素质就是训练出来的。

人与人之间，常常因为一些彼此无法释怀的坚持，而造成永远的伤害。如果我们都能从自己做起，时刻保持冷静，学会宽容地看待他人，相信你一定能收到许多意想不到的结果。帮别人开启一扇窗，也就是让自己看到更完整的天空。

# 承认世界的多样性：什么人都有，什么事都可能发生

承认世界的多样性，是好听点的说法。林子大了，什么鸟都有，你什么“鸟人”都能碰见。比如，A企业集团和B集团公司，都是大得一塌糊涂的企业，也骗人。这些大企业也骗人，很多人可能都难以相信。

林子大了，什么人都有，什么稀奇古怪的事情都可能碰到，比如某汽车油耗数据造假，竟然蒙了这么多人。有句话这么说，你可以在一时欺骗所有人，也可以在所有时间欺骗一部分人，但你不可能在所有时间欺骗所有人。还有一些厚脸皮的，问题产品该召回的不召回，多了去了。什么事没有？燃油光涨不降，哪有这道理，说什么跟国际接轨，有谁信呀？

如果我们什么都放不下心来，那么生活也就太艰难了。有句话是这么说的：气出病来谁着急，我若气死无人替。不用过于计较，要能静下心来，保持平和的心态。

但是，我们不计较仅仅是不计较而已，可别被误解为软弱可欺。

狗咬你一口，你不可能去咬狗一口，这是我原来信奉的信条。在做企业过程中，不时受到欺骗，就好比被狗咬了一口，我也就拉倒了，不可能去咬狗一口吧。后来我的一个哥儿们说，你不能咬它一口，你难道不能踢它一脚吗？他一句话就把我惊醒了，这句话这么简单，我原来就没想明白，原来我老想着狗咬我一口，我不能咬狗一口，他一句话就让我想明白了。后来有几个企业骗我们，我就不客气，一纸诉状，启动司法程序，客气什么，他们就感到很害怕，说软话，有悔改。我不计较是不计较，但并不是好欺负的。我现在告诉你，我要计较，只不过我还没腾出工夫来而已，他们就感到害怕了，有可能我不了了之，有可能我就扑上去，狠踹几脚，这都是可能的。

# 鳄鱼法则

有个鳄鱼法则，大家知道不知道？它说鳄鱼把你脚咬住了，你唯一能做的，就是咔嚓，来个壮士断臂，你立即断脚，不要去捞，否则你整个人都没了。当你发现自己的行动背离了自己既定的方向，必须立即停止，不得延误，不得存有侥幸心理。要承认失败，也要学会放弃。有人侥幸，大家看电影，最着急的是什么？敌人来了，一个说你快走快走，另一个说不走不走，再待会儿，结果两人都走不了了。

我有一同学，在互联网最火爆的时候，因为前期做期货市场挣钱了，也到北京搞了一个网站，投了两千多万，聘我另外一个同学，是一个大学教授，搞营销，做营销总监，搞得热火朝天的，在酒店租了两层楼。后来发现不对劲儿，清盘出来，也就剩 200 多万，1 800 万扔了，泪水哗哗淌，回到亚运村，又做期货去了。联想 FM365 大家知道吧？损失巨大，舍不得吗？舍不得是不行的，就得要舍得，舍了才能得。这就是“沉没成本”。选择做什么很重要，选择不做什么更重要。所以这里面有很多因素，投资很大，舍不得，还有诱惑，想着没准儿会怎么怎么样。没准儿肯定是两条路啊，你为什么要走这条路呢？

或者，是有合作者，人家扛，你想退出来，人家拉你下水。这里有个案例比较典型，我们给某某做咨询，比较早了，1999 年下半年到 2000 年，我们建议他放弃生产业务，专注于贸易。商贸商贸，它属于商业，属于贸易。他们也认可，但是国有企业退出不容易，始终没退。我这时就找到一句话，对他们说，人生最大的效率在于："真正有勇气来改变可以改变的事情，有肚量接受不可改变的事情，有智慧分辨两者的不同。"这句话有必要再重复一遍，真正有勇气来改变可以改变的事情，有肚量接受不可改变的事情，有智慧分辨两者的不同。

难以放弃主要是因为三点。第一，没有透过现象看本质。第二，犯了想当然的错误。第三，明明看到失败了却不认账，不承认失败。

学会放弃要对沉没成本有深刻的认识。沉没成本是管理会计中的一个术语，主要用于项目的投资决策，与其对应的成本概念是新增成本。

沉没成本是指业已发生或承诺、无法回收的成本支出，例如，因失误造成的不可收回的投资。沉没成本是一种历史成本，对现有决策而言是不可控成本，不会影响当前行为或未来决策。因此，沉没成本是决策非相关成本，在项目决策时无须考虑。相对地，新增成本是决策相关成本，在项目决策时必须考虑。

比方说打麻将，约定好了打一小时，结果那一小时你输了5 000块钱，你就跟大家说，咱们再玩半小时吧。想捞本就没有必要，因为有时候越捞越深，如果是越捞越深的话，对于你而言前面那一小时输的5 000块钱就是沉没成本。

比如说我们研发一个新产品，开发新产品投资了500万元，后来研究这个市场觉得没戏，有的企业不甘心，就非要去尝试，去试销一下。不如直接放弃，把那500万元当作是沉没成本，沉没掉。

有这么一个故事。一个数学老师带着三个学生去吃饭，有个活动，消费三百返三十，当时已经吃了270元了，但是非常难吃。这个时候，有个学生提议再点三个冰淇淋，凑够300好了，反正都是花270。后来老师想了想说，还是算了，然后出去以后，买了几个DQ（一种品牌冰淇淋，单价20 ~ 30元）。老师这样做的理由是，已经吃了这么难吃的饭了，就不要多吃几个难吃的冰淇淋了，虽然不花钱。上边这个故事可以用一个更直白的故事解释一下，比如你花了5元钱，买了一个苹果，后来发现有点坏了，为了不浪费，你还是吃掉了。这样你不但损失了5元钱，还吃了一个烂苹果。其实这5元钱就是沉没成本，就是你怎么做都无法收回的成本，在沉没成本面前，我们最容易犯的错误就是，对“沉没成本”过分眷恋，继续原来的错误，造成更大的亏损。就好像一个姑娘爱上一个烂人，因为觉得之前付出太多了，甚至怀孕了，就勉强嫁了吧，结果婚后可能更悲惨。

机会成本则是另一个容易被人忽略的问题。机会成本是选择成本，就是你做出一个选择，就可能损失另一个选项的成本。

举例说，你选择了这顿饭吃麦当劳，就丧失了吃必胜客的机会，而有可能必胜客正好有一个很大的促销活动，你就错过了。更严苛一点的是，你选择了在宿舍看美剧，就丧失了去图书馆看书的机会，而你有可能会在那里遇到一个妹子，而这个妹子说不定会成你老婆。然后，你看了美剧，就没老婆了。这个老婆，就是你看美剧的机会成本。机会成本的概念的存在就是为了说明，你做选择时是有成本的，千万不要抱着试试看的想法，因为你是冒着损失其他机会的成本来尝试的，一定要努力得到一个值得的结果才好。这个东西在资本运作中就更为明显，比如你当年有一笔钱，你选择投资了房产，可能就笑死；投资了股市，可能就哭死。这个思想贯彻后，会帮助你分析各种选择，尽可能减少一时冲动的选择，很多人都会有一时冲动导致的一不做二不休的情况。这个时候，你考虑下你的机会成本，可能就会冷静下来了。沉没成本的故事告诉我们，遇到损失，要及时止损，做不到这一点，就不要碰股票。而机会成本则告诉我们，做选择的时候多思考可能造成的损失，最起码，你会损失时间。比如说你毕业就去创业三年，如果失败了，你不仅仅损失的是金钱，更重要的是，你损失了三年的时间，而这三年，你工作的同学可能已经在某个领域站稳了脚跟，甚至有所小成了。这就是你的机会成本，你一定要确保你得到的大于这个机会成本，再去做选择，会比较靠谱。

明白“沉没成本”，就不会被过去形成的存量绑架；明白“机会成本”，就不会被某种虚妄的构想绑架；在我们面对选择的时候，不要瞻前顾后，患得患失。人生苦短，是一沓越撕越少的支票本，且行且珍惜。

# 失败是进行时

失败并不可怕，只要人还在，一切都有可能发生。企业和企业家也是一样，失败是暂时的，甚至你出门摔一跤都可能把股价摔下来，很正常。但是，这并没到世界末日，只要你还在，什么事情都可能发生。这个世界就是这样，失败是常态，成功是少数。有些人成功后遭遇失败就自杀了，我认为，他们当初就不应该成功。从长远来看，所有企业都要死掉，没有长生企业，有长寿企业。彭祖活了 760 岁，最终也得死呀。没有长生，有长寿。

史玉柱这个名字，相信国内做管理的都特别熟悉。他就是一个相当典型的例子。他开始创业相当成功，其创办的巨人集团发展迅猛。由于发展过于顺利，史玉柱本人就头脑发热，或者也是因为年轻，竟然搞了一个耗资巨大的巨人大厦，结果导致集团资金周转不下去了，倒闭了。在一般人眼里，他是不是够失败的？倒闭时，他已经负债累累了。但是，史玉柱并不像一般人那样认命，硬是凭借一己之力东山再起了。现在的脑白金，做得多火呀。所以说，我们不要认为一时的失败就是世界末日。

拿破仑是一名出色的军事家，他一生亲自参加的战役达到 60

多场，而其指挥的多个战役，直到今天在军事史上依然有重要意义。但是他的征战打破了欧洲的势力均衡，导致其他欧洲强权 7 次组成反法同盟，在滑铁卢之战中最终彻底击败拿破仑。滑铁卢大战是世界战争史上令人瞩目的一页，也是拿破仑戎马生涯中的最后一战。然而，这一战却以拿破仑的失败而告终。在拿破仑战败后的维也纳会议上，新的欧洲秩序与均衡被很快重新建立起来。

褚时健曾是有名的“中国烟草大王”，因贪污 174 万美元，被匿名检举贪污受贿。唯一的女儿褚映群在狱中自杀。云南省高级人民法院以巨额贪污和巨额财产来源不明罪判处褚时健无期徒刑、剥夺政治权利终身，后减刑为有期徒刑 17 年。2002 年，褚时健保外就医后，与妻子承包荒山开始种橙。2013 年“褚橙”被誉为“励志橙”，销量近 1 万吨，褚时健也因此被称为“橙王”。

我们必须在头脑中树立这样一种意识：失败是进行时，不是终结，也不是最后结果，更不是世界末日。唯有如此，当遇到挫折或失败时，我们才不会丧失信心和勇气，才有走出困境的可能。

# 物极必反

物极必反，是中国古代哲学概念，意思是事物发展到极端时，就会向相反方向转化。我年轻时，对这句话没怎么注意，也没能领会其意，随着岁数的增长，碰的钉子多了，看的事物多了，对这句话的理解才深刻起来。

我的一位同学曾经跟我谈及他创业的一些感受：在公司处于低谷时，他告诫自己要咬紧牙关，坚持，终于挺过来了；在公司处于顺境时，他提醒自己要冷静，一直告诫自己不要步子迈得太大。海尔的张瑞敏，无论海尔处于何种状态，都提醒自己时刻战战兢兢，时刻如履薄冰。正因为如此，海尔的发展才没有大起大落，得以稳步前进。相反，当年三株、德隆何等风光，原来柯达、诺基亚如日中天，不好意思，崩盘了，可惜！

事物因为内部对立统一的矛盾运动，逐渐由量变引起质变，发展到极端，在一定条件下就会走向反面。是不是世界上的一切事物都遵循这个规律呢？我想是的。举几个例子吧。恐龙是史前地球上最为强势的物种，躯体庞大，在地面上占有绝对的权威，可在面临天灾时，它却远远不如比它弱小得多的生物，结果灭绝了。美国当年大力扶持萨达姆，恨不得一夜之间让他当上总统，到萨达姆自觉强大后，就不听美国人的了，于是美国又不得不要了他的命。乐极生悲，喜极而泣，否极泰来，痛极而止，等等，这样的事例我们见得不少了。可以说无论是自然规律，还是社会现象、日常生活，古今中外概莫能外。

中国人讲究和为贵，这个和，不是合二为一，而是求同存异，和而不同。该坚守的坚守，该反对的反对，该赞成的赞成，能让步的让步，能默许的默许，能妥协的妥协。就像联合国投票，你可以选“赞成、反对、弃权”三种方式中的任何一种。所以，一对夫妻从未红过脸和两个人老死不相往来没什么区别，这样不是和谐的模范，不是夫妻的模范，相反，可能是最不和谐、最不模范家庭的模式。

所以，人在做事的时候，一定要想想度，想想自己和别人的接受程度和忍受程度。不要超过某个度，否则会物极必反，得不偿失。

# 田忌赛马跟管理是相通的

田忌赛马大家都知道，还是同样的马匹，不过是调换了一下比赛的出场顺序，就得到转败为胜的结果。这个故事在管理上的适用就是要着眼全局，统筹规划，以局部的退让来获取全局的胜利。

大家都知道，著名功夫巨星李连杰是全国武术全能冠军。为什么他能成为全能冠军呢？当时，有好些单项比他好的武术运动员都没能比过他。这是因为李连杰比他们每个人都更为均衡，更为全面：你刀法好，我棍法比你好；你棍法好，我剑术又比你好，总之，我比你更有优势。第二，管理上要学会融会贯通。比如说，我用解决人力资源的方法去解决战略上的问题，用解决战略的方法去解决财务上的问题，跟田忌赛马是一个道理。

在汽车生产发展的历史上，曾经是一个工人安装汽车几乎所有的部件，那时候汽车不动人动，因而产量极低，价格极高。美国福特汽车公司想进行大批量生产，降低汽车价格，让大多数人都能买得起车。于是，老福特到处找解决工业化大生产的方法，后来到一个屠宰厂，看到屠宰现场，他突然悟出来了大批量生产的方法，这就是流水线作业的方法，后来他制造了汽车装配的流水线。这时候是汽车动人不动。流水线的发明带来了整个工业的革命，在当今管理界，流水线的工作方式已经不仅适用于制造部门，在其他的管理部门也实现了业务流程驱动的管理方式，这是另一种形式的流水线。

管理是相通的，这启发大家，要善于触类旁通，举一反三，要学会摘花碎叶皆功夫，从很多地方都可以学到悟到管理体会，获取适用的管理方法论，管好业务，做好企业。

# 指地不打粮，指儿不养娘

“指地不打粮，指儿不养娘”，这是东北的一句土话。这句话的意思是，指望土地多打粮食，你寄托的希望很大，这块地就是不产粮；指望儿子养老，他偏偏不给你养老。这样的例子太多了，不胜枚举。诸葛亮对马谡寄托那么大的希望，结果他偏偏把街亭给丢了。关羽守荆州，也是如此，荆州事关蜀汉振兴的全局，结果偏偏叫关羽给弄丢了，自己也性命不保。抗美援朝时梁兴初的 38 军，是彭德怀合围部署的关键，结果呢，也出了娄子。他突然得到假消息，说前面有个黑人团，于是就没动兵，整个合围失败，被彭德怀一顿臭骂。后来，38 军知耻后勇，玩儿命地打，赢得了“万岁军”的称号。

指地不打粮，指儿不养娘，这句话在管理学上可以用一个定律来解释，这个定律叫墨菲定律，就是如果你认为事情有可能向坏的方向发展，它就一定向坏的方向发展。大家一定要绷住弦，你要牢记这个定律就是了。如果某天某个事情让你突然感觉不爽，你就要注意了，很有可能结果就快出现了。又比如你看待某个人，你突然对她有不信任感了，不是你有问题就是她有问题，而且问题已经差不多了。一个客户突然变得生分了，你就要琢磨了，一定是你最担心的结果要出现了。心里一定要牢记这个东西，要不然你就堵心，堵死了，弄得你稀里糊涂的。二战期间，美国人和日本人谈判，谈得热火朝天的，这边还谈呢，那边飞机早就出发了，这边谈完撤退了，那边炸弹就投下去了，珍珠港被炸掉了，美国人后悔都来不及。

很多人一直担心教育收费问题，结果很快就教育产业化了，无论是读大学还是上研究生，都要交费上学了。在生活中，假设你在某段时间非常缺钱，你非常担心钱不够用，可偏偏会遇到很多需要急着花钱的事，比如眼镜坏了需要修理，或者是有好友结婚需送贺礼，或者是乘公交车手机丢了。没办法，你不得不承受这种突如其来的压力。

# 有些事并不像它看上去那样

两个旅行中的天使到一个富有的家庭借宿。这家人对他们并不友好，并且拒绝让他们在舒适的客人卧室里过夜，而是在冰冷的地下室给他们找了一个角落。当他们铺床时，较老的天使发现墙上有一个洞，就顺手把它修补好了。年轻的天使问为什么，老天使回答说："有些事并不像它看上去那样。"

第二天晚上，两人又到了一个非常贫穷的农家借宿。主人夫妇俩对他们非常热情，把仅有的一点点食物拿出来款待客人，然后又让出自己的床铺给两个天使。第二天一早，两个天使发现农夫和他的妻子在哭泣，他们唯一的生活来源——一头奶牛死了。年轻的天使非常愤怒，他质问老天使为什么会这样，第一个家庭什么都有，老天使还帮助他们修补墙洞，第二个家庭尽管如此贫穷还是热情款待客人，而老天使却没有阻止奶牛的死亡。

"有些事并不像它看上去那样。"老天使答道，"当我们在地下室过夜时，我从墙洞看到墙里面堆满了金块。因为主人被贪欲所迷惑，我不愿意让他发现财富，所以我把墙洞填上了。昨天晚上，死亡之神来召唤农夫的妻子，我让奶牛代替了她。所以有些事并不像它看上去那样。”

做管理，尤其想做成功的管理，必须学会透过现象看本质。如何才能透过现象看本质？有人曾经归纳了一些规律：看一个国家的国民教育，要看它的公共厕所；看一个男人的品位，要看他的袜子；看一个女人是否养尊处优，要看她的手；看一个人的气血，要看他的头发；看一个人的心术，要看他的眼神；看一个人的身价，要看他的对手；看一个人的底牌，要看他身边的好友；看一个人的性格，要看他的字写得怎样；看一个人是否快乐，不要看笑容，要看清晨梦醒时的一刹那表情；看一个人的胸襟，要看他如何面对失败及被人出卖；看两个人的关系，要看发生意外时，另一方的紧张程度，等等。我相信，这些规律对你学会透过现象看本质会带来一些有效的启发。

上面故事中年轻的天使跟我们现实中的很多人一样，只看到了事情的表面现象，而没有去探究现象背后的本质。其实现象和本质之间是隔着那么一段距离的，你必须用心去探究才能发现。

# 做生意不等于做企业，发财不等于发展

马云说：“做生意不等于做企业，做生意是单个的行为，而做企业是长期的系统工程，品牌尤为重要。”有钱人马云对金钱和财富有自己的一番理解。他认为钱是容易赚进也容易流走的，而由诚信、经验、团队等构成的财富却能够帮助一个人迅速摆脱贫困。“所谓品牌的品，其实就是 QUALITY，是品质，包括了产品的品质和人的品质”。在马云看来，即使只收茶钱，也是“可以有财政赤字，却不能有信用赤字”的。

另一位企业家陈东升的说法与马云不谋而合，遥相呼应。“做企业就是要做事业，而不是做生意”，“你不是来赚钱的，你是来做事业的”。做企业的人都想自己的公司成为百年老店，可是，在越来越激烈的全球竞争中，要做到这一点并不容易。陈东升说，要成为百年老店，就不能只是想着赚钱。有一段经历让陈东升很难忘，在还没有创办企业的时候，他看到一个在深圳做股票的同学，有 2 000 多万元的身家，但他身边只有七八个人，他就觉得，这个同学虽然有钱，但他没有事业，对社会没有贡献、没有影响。当时，陈东升还认识一个在深圳办工厂的民营企业家，他从湖北天门老家带了200多号人去深圳，浩浩荡荡，他的钱虽不如那个同学多，但他对社会的贡献却更大。通过这两个案例，他得出一个结论：有钱不等于有事业，有事业一定不会缺钱。所以，他坚定地要把企业做成一个品牌，对社会有贡献，这样才能体现个人的价值。

做生意与做企业到底区别在何处？简言之，做生意是做机会，做企业则是做能力。很多公司在初期，凭借人脉关系，生意不错，但是后来坚持不住了，有的很多年没有什么发展，原地踏步。这正是因为他没有按照做企业来做，而仅仅是做生意。诚然，多数企业是围绕销售来运作的，没有销售，就没有现金流。但是不能总满足于当前的现金流，而是要为将来创造现金流做准备，一旦现有产品不再有足够的竞争力，必须能拿出产生新的现金流的产品。

如果有人说："我就是要做生意，我不是做企业。"这也没错，总之，作为企业老总，应该首先把自己的定位搞清楚—做商人还是做企业家。做商人和做企业家是截然不同的两个类型。什么是做商人呢？就是买卖，一手交钱，一手交货，短期就解决了，像一些贸易公司，拿来货，加个价，转手就卖给了顾客，时间短的就和商场买东西一样。中国人做商人很厉害，很有天分，但是做企业家就不一样了，他要把这个交易过程延长，先投资下去，经过一段时间之后才能回收利益。我们不能很清楚地界定这段时间有多长就叫企业家，多短就叫商人，但从意识上我们可以做个大致的描述。比如好多失败的投资并不是因为项目本身不好，而是输在做企业的观念上，我想是否因为我们做企业时商人味太重所致呢。本来项目的正常投资回收期是三年半，但我们太着急，总希望一年半载就收回来，把投资当成买卖，于是当企业家的就当成商人了。

企业家从不拒绝利益，但会抵御诱惑。利益对于真正的企业家不一定都是诱惑。因为他有约束力，他不仅追求成功，而且追求成道。这个“道”就是企业家的价值观，真正约束企业家的可能正是价值观。做企业就是为了赚钱、成为富人，这是一种价值观；有机会要去抓，有资源要去用，这么多员工跟着我，我不干怎么行，这也是一种价值观；做企业为了成就一个事业，要做成行业老大、世界一流，让企业受人尊重，哪怕交给儿子、孙子还会受人尊重，这还是一种价值观。不同的价值观成就不同的企业家（或生意人），也成就不同的企业。

在中国目前市场经济发展的洪流中，想做好企业，就要摒弃急功近利的想法，踏踏实实地本着以下原则与步骤来经营企业：做正（不做秀、不做骗）；做实（做基础、做内功）；做强（做能力、做优势）；做大（做扩张、做规模）。做强做大已经被众多企业喊得震天响了，然而忽视了原则和基础，做强和做大也只能是空中楼阁，难以稳固和持续。

任正非曾对王建宙说：“只要一保证流程，二保证执行力，即使去卖拖拉机，华为也能成为世界领先企业。”王深以为然。

# 企业发展辩证法

中国企业要真正做大做强，就必须勘破“世界 500 强”的执念和虚妄，回归做企业的本质—基业长青，必须对企业发展方式和本质有多角度的辩证认识。

**多和少**

有些企业规模很大、产业链很长，却取得了相反的效果，利润率低、发展速度慢；而有的企业，专注于一种产品、一个行业，却取得了很大的成就。原因在于，企业发展的成功与否不是以规模的大小、业务板块的多少、地域覆盖的宽窄来衡量的，集团也不是全产业链、全价值链的代称。在企业发展的实际过程中，利润其实比规模更重要。但是很多企业一味追求业务多元化，产业链、价值链的大而全，往往是产业链越多带来的利润却越少，这就是“多就是少”。

为什么波音不做发动机，丰田不做钢铁，可口可乐不搞房地产？多元化看起来很美，做起来很难。在企业的经营活动中，并不是每个经营环节都创造价值或者具有比较优势。企业所创造的价值和比较优势，实际上是来自企业价值链上某些特定环节的价值活动。这些真正创造价值的、具有比较优势的经营活动，才是最有价值的战略环节。要保持企业在行业内的核心竞争优势，关键之一就是要保持其价值链的竞争优势，尤其是价值链的战略性环节的竞争优势。

企业做行业选择，不是做机会而是做能力。这就是为什么国外大公司多是专业化经营。壳牌做酒店，资本市场肯定不支持，也招不到合适的管理人才。中国就不同，大央企做酒店，银行资金、专业人才会拼命往里汇聚。这也就形成了中国企业所谓的“大”。

## 大和小

大企业占有更多资源。是不是大企业一定就能发展得好，小企业就容易被吃掉？企业的经营发展充满了辩证法。对中国企业家而言，企业发展的规模似乎永远是一个魔咒。是做“大企业”还是做“强企业”，这是一个难题。

从辩证唯物主义的观点看，“大就是小，小就是大”，企业的经营发展就是这样。大就是小，即看起来很强大，但内里必然隐含着弱小甚至死亡的危机；小就是大，也就是说看似微乎其微，实则隐含着强大的动因，绵薄而致远，谁又可说其“小”呢？

个人认为，一个大型企业集团虽然自身资源和实力雄厚，但不能有效地整合资源，不能使所投资的产业达到最优组合，实现最高的收益，那么它就是一个实力弱的小公司；反之，如果一个资源和能力弱小的公司能充分利用自身的核心资源，在外界环境发生变化时能够灵活地改变经营模式，迅速规避风险，那么它就是一个有无限潜力的大公司。

企业是否成功，和规模的大小没有关系，关键要看是否有核心能力，是否有利润，或是否有未来的盈营利能力。现在没有利润不要紧，只要未来有利润、有盈利能力就能成功，或现在还没有形成核心能力却有很强的成长性，那就是一个大企业。我们应该长远地看问题，把企业的规模和时间结合到一起来看，就无所谓大和小了。

为什么有的企业兼并重组后获得大发展，有些企业只是规模增大了？我们首先要问，企业间的兼并重组究竟是物理性质的重组还是化学性质的重组？兼并重组的目的究竟是成为一个“加工薯条的机器”还是成为一个“装土豆的麻袋”？

物理性质的重组只不过是把原来的几个企业变成现在的一个企业，企业间无非是简单的 1+1 的联合，是生产要素随机与简单的叠加。企业重组后没有任何实效的改变，结果就是“集而不团”，只是管理层次增加，管理链条加长，徒增管理成本，企业经济效益大打折扣，充其量就是一个“装土豆的麻袋”。化学性质的重组则不然。它是通过企业内部资源的优势互补和协同效应，最终发挥 1+1>2 的最优功效。企业重组后将实现资源的共享，风险控制能力增强，管理能力提升，并购后的企业经济效益倍增，最终成为一个“加工薯条的机器”。

### 快和慢

快可以让企业先发制人，以快取胜。所谓快鱼吃慢鱼，速度快的企业往往能够先分得市场利润的一杯羹，但快也可以使得企业欲速则不达，让企业失去平衡，甚至物极必反，导致快就是慢；相反，慢虽然往往吃不到第一杯羹，但是，慢可以让企业稳中求实，厚积薄发，吃得最多，走得最远，最终积跬步以至千里，企业发生质的飞跃，达到慢就是快的目的。

企业要想加快发展速度，占有更大的市场份额以达到盈利的目的，也要遵循企业发展规律，量力而为，稳扎稳打。在企业的运营发展中，如果一味追求速度而忽视了更为重要的平衡与稳健，“快公司”反倒会因刹车不及时而翻车，结果还不如“慢公司”发展得好。慢不是急流勇退，也不是消极怠工，而是以退为进，增强体质。磨刀不误砍柴工，慢是为了积攒快攻之势，今天的“慢”就是下一个周期的“快”。

“慢就是快”观点的典型代表就是肯德基。1987 年，肯德基在中国开设第一家店，5 年后仅开了 10 家店。对于这样一个国际餐饮巨头来讲，5 年时间开 10 家店实在是太慢了。这 5 年肯德基在干什么？他们在摸索中国市场规律，调研中国人的口味特点，了解中国的社会和文化，构建具有中国特色的管理架构。等到肯德基这个洋玩意儿的特许体系完全与中国市场磨合适应，扩张才突然加速。从100家店到400家店，从800家店到1 500家店，仅仅就一两年的时间——慢公司变成了快公司。

慢不是急流勇退，相反，慢是在为企业下一步的跳跃做准备。以退为进，有了助跑，才能跳得更远，正是由助跑到跳跃的迈进，才使企业积攒实力，实现质的飞跃。这就是企业经营发展的辩证法告诉我们的：快就是慢，慢就是快。

**早和晚**

我们经常听到先发优势这个词。是不是别人已经进入的成熟行业，我们再进入就没有机会了？或者说难以取得大发展了？实际上，企业经营的好坏与创立的早晚没有本质上的联系。某行业中进入最早的企业往往没有经验可以借鉴，也没有规律可以寻找，只能摸着石头过河，一不小心就会陷入泥潭，最后难以自拔。相反，后进入的企业往往有后发优势，可以借鉴前人的经验教训，避开行不通的发展轨道，把握住好时机发展壮大。

早一步可以成先驱，也可能成先烈，晚一步也未必就丧失机遇，早与晚是辩证的。企业在进入某个行业或某个市场之初，更应该充分分析行业的发展规律、市场的游戏规则、企业的实力定位。融会贯通“早”与“晚”的辩证精髓，方可笑傲企业竞争的江湖。

# 做产业还是搞投资？

很多企业在有了钱之后，却对怎么用这些钱伤透了脑筋。是开厂做实业呢，还是纯粹搞投资呢？很多企业在不了解自身资源能力的情况下，盲目地去投资或是去做实业，最终陷入了发展的困惑中。

我就碰到过这样一个案例。这是一家涉及能源和矿产投资、基础设施投资、高档物业、物流等行业的民营多元化企业集团，刚开始这家集团是将煤矿等业务整体当作一个产品来投资，等增值后就把矿产卖掉来获取收益。后来集团老总看到矿山发展得非常好，不但企业本身在增值，而且投资的金属矿、煤矿等产品也在增值，于是转而去经营矿山，做矿产的开采和销售等业务。虽然集团也在赚钱，但老总却觉得手下的人越来越不好使了。而手下的人都是跟着自己工作多年的老部下，工作也和原来一样卖力。对此，这位老总百思不得其解。

我觉得其过不在他的部下，而是他没有搞清楚投资集团和产业集团的差异。

首先，我们要搞清楚两者在概念上的不同。若一家企业集团只是购买不同产业企业的股票或是企业债券，成为这些企业的投资人或是债权人，但是不参与企业的生产经营和管理，只是参与企业的利润分配，以这种方式形成的企业集团，我们称之为投资集团。如果一家企业集团选择好投资的产业后，投入资金，建造厂房，购置设备、原材料等，从事生产、流通活动，自己来经营管理，这样形成的企业集团，我们就称之为产业集团。因此，将所选择的产业进行投资的是投资集团，而将所选择的产业开展经营的是产业集团。

投资集团例如某控股有限公司，业务范围涉及有色金属开采与冶炼、原煤开采与销售、煤炭及相关矿产品深加工、铁路运输设备租赁、商业和物业等领域。旗下已拥有数家跨不同行业的控股及参股公司，但是它不参与下属单位的经营运作，只是作为投资人参与活动，获取投资收益。产业集团如盾安控股集团，下辖机械制造、民爆化工、房产开发、农业开发、资源与能源开发等产业群。盾安控股集团不但投资而且参与各产业的生产经营运作，参与制定集团的发展战略、参与生产和销售等日常性事务。

产业集团和投资集团不仅是不同的概念，实际运行的差别也很大。

首先，产业集团和投资集团在投资的目的上存在较大差别。多元化产业集团进行实物资产的投资，目的是从事生产经营活动，获取生产经营利润，着眼于资产存量的增加和社会财富的增长，直接形成社会物质生产力。从投入和产出的关系看，产业集团是一种直接投资的集团。而投资集团主要进行金融资产投资，目的在于获得金融资产的增值收益，即使投资于实业，最终也是将实业作为产品出售。投资集团并不直接增加社会资产存量和物质财富，从投入和产出的关系看，投资集团是一种间接投资的集团。

其次，投资集团和产业集团在战略选择的思路上是不同的。企业战略的实质就是选择做什么和不做什么，客观上说是怎么布局，即应该选择什么样的产业。投资集团的战略选择相对来说就很简单，它所考虑的问题主要是哪个行业能挣钱，哪个行业投资收益更大。获取最大收益是它的首要任务，因而它在选择产业时受到的限制相对少一些，选择的空间更大一些。而产业集团就不一样，它必须根据集团资源和能力的匹配情况来选择进行经营的产业。比如可能有一个产业会很赚钱，但还得根据集团本身的资源能力来权衡，而不是根据获得利润的多少来做出战略上进入或退出的选择。

最后，投资集团和产业集团对员工队伍的要求是不同的。就如那家民营多元化企业集团，原来是一种投资集团的运作模式，跟着老总的都是些金融、财务、法律等方面的人才，用起来自然是得心应手。而现在经营矿山，所需要的是经营管理方面的人才，原来的那帮人当然就力不从心了，这无异于让秀才去种地，庄稼能长好才是怪事。集团运作的不同模式带来了人才配备的不同要求，难怪那位老总要郁闷了。

在了解产业集团和投资集团的差别后，企业集团要根据自身的实际情况分析自己到底要做产业集团还是做投资集团，企业的发展战略问题也就迎刃而解了。

# 买两厘米的钻头，实际是要两厘米的孔

很多企业在选择咨询公司时，往往是看其最终提供的知识产品与成果。如果知识产品与成果提供得多、内容新颖，就认为这笔钱花得值。从表面上看，企业是做了一次满足需求的自主选择，而实际上，他们或许只是买了有借鉴价值的一沓纸，这笔钱花得不值！

实际生活中，花了大笔冤枉钱的企业并不在少数。问题不在于结果是否物有所值，而在于一开始企业就陷入了含混性需求的误区。举一个简单的例子，某顾客要买两厘米的钻头，实际上他是想得到一个两厘米的钻孔，利用这个钻孔挂上他高价购买来的名画。这就是一个思维方式的问题。顾客需要解决的问题是挂上买来的名画，买钻头、打钻孔都是他解决问题的一种方式，他把最终需求（挂名画）隐藏在了间接需求（买两厘米的钻头）背后，这是需求含混性的表现。

在实际的咨询需求中，很多企业也会陷入需求含混性的误区。有的企业找咨询公司做企业文化建设项目，是因为他们觉得自己企业的核心理念不突出，员工对企业文化建设活动没有热情，企业文化没有起到应有的作用。而实际上，企业之所以出现这样的状况，往往是因为母子公司集团文化的一主多元没有建设好，一主多元没有建设好又是因为母子公司组织架构出现混乱，而组织架构的混乱又源于该集团公司战略管理的不明晰。问题出在战略目标与集团管控上，企业却诉诸企业文化。咨询公司即使将企业文化建设项目做得再好，也仍然解决不了根本的问题。企业花了大笔咨询费买了份企业文化手册，具有一定程度的使用价值，但是这个使用价值能转换为企业的实用价值吗?

对于咨询公司而言，出一份咨询报告、文化手册是最容易不过的事情了，但是要想做一个受尊重的咨询公司，并非是把咨询费拿到手就是成功，相反，它们会关注企业咨询后的运转情况、问题解决情况。企业问题解决了、企业成功了，咨询工作才算成功，企业问题没有解决，即使拿了咨询费也同样是失败的。咨询费用体现的应当是咨询结果的价值，如果企业仅得到了会看不会用的咨询报告，这份价值就大大缩水，而企业如果得到的是一套解决之道，这份价值就增值了。这就是所谓的“授人以鱼，不如授人以渔”。

面对企业对自己需求的含混性认知，作为专业的咨询公司，应当看到客户在含混需求背后的真实需求。客户只知道自己企业有了些问题，但他们看到的可能只是表象，表象背后的实质问题则需要咨询人员去深入探究。因此，给客户一份咨询报告不如教给客户一套解决之道，让客户的咨询费用物有所值，甚至物超所值。

面对客户，切实分析出其需求背后的真实问题，并不只是为客户提供一份咨询报告，而是要为客户提供解决问题之道。因为我们不仅要教他们如何起飞，还要教他们如何落地。在这个处处只关心企业飞得够不够高的市场竞争环境下，我们还关心他们飞得累不累、飞得好不好、落地稳不稳。咨询期满后，客户的收获是双重的，他们得到了“鱼”，也学会了“渔”。

含混性需求背后的需求，是人们真正需要但并未意识到或表达出来的需求。对于我们咨询机构而言，挖掘客户含混性需要背后的需求，就是给客户提供解决实际问题的一套思路和方法，让客户成为解决自身问题的参与者而不是旁观者。因为客户不只想知道做什么，他们更关心该怎么做。

# 要成就目标还是要体积目标?

彼得·德鲁克说：目前快速成长的公司就是未来问题成堆的公司，很少例外，合理的成长目标，应该是一个经济成就目标，而不是一个体积目标。

我们做企业搞管理的，要抵住诱惑，不能看什么挣钱就干什么。本来是搞 IT 的，看到餐饮挣钱，就去开餐厅饭店，看到物流挣钱，又去搞物流，然后对外就称某某集团。这不是胡扯嘛。理论上说，干什么都挣钱，不然这个行业就不存在了，除非是公益性的行业。那你是不是什么都干呀，肯定不行。

如果抵不住诱惑，就再开一家公司，各干各的。我这句话是什么意思？现在有一些公司在搞集团化，特别是小公司，搞什么集团化？比如我们这些咨询公司，搞集团化没用！咨询怎么会是集团呢？把原来的五项咨询业务，比如战略咨询、人力资源咨询等等，拆成五家小公司，也许还没有工商注册，就成了集团了？很多单一业务规模较大的公司愿意称自己是集团，你怎么集，怎么团？原来一天卖 100 箱方便面，叫营业部，现在一天卖 10 万箱了，就叫集团了？不是吧。还有，一些咨询公司的老总说自己是 CEO，你懂不懂什么叫 CEO？在国内企业的法人治理结构里，是不可能出现什么 CEO 的。出现了就是你瞎写乱用，你不懂管理。

我在北京目前有 6 家公司，我也没说我是仁达方略集团，还照旧是仁达方略管理咨询股份有限公司。有的公司老总碰到我，给我递上来偌大一张名片，密密麻麻全是名号。事实上就印上一个姓名，再加上公司名字就完了。不怕别人不认识你，就怕别人不尊重你。不要名片，往那里一坐也是一样的，是金子总会发光的。所以，你看我这几家公司——有做图书出版的，有做管理培训的，有做管理咨询的，还有文化公司，专门搞公关活动的等等。我的这些下属公司名字都不一样，比如泊心湾啦，耕心文化啦，中国企业文化评论杂志啦等等，它们各干各的。我们出版公司很多出的都是我的书，我跟它是结算关系。我的书我自己出，我的书不用考虑盈利，其他的书它自己出，赚不赚钱它自己看着办。这样的话，很多事情都好办了。现在有很多公司，内部关系模糊了，成了一个无底洞，很多资源混到一起去了，乱七八糟的。

王石在自传《道路与梦想》里说，企业规模的大小不应该是企业的目标，行业第一也不仅仅是靠规模来衡量的，只要企业具备自己的核心竞争力或者比较好的竞争优势，即使规模不是行业老大、老二，同样具有生命力，反之为大而大的企业，在形成规模之时，也就是迅速走下坡路之时。

很多企业都不是饿死的，而是撑死的。

# 孤独是一种力量

很多决策者表面上风光无限，却经常要承受“高处不胜寒”的孤独。做企业意味着要添补空白，跟着别人跑绝不会有大的发展，决策者的超前意识注定他是孤独的。

孤独是表象，不是一意孤行、朝纲独断，而是因为决策者掌握着最全面的决策信息，站在别人站不到的高度，承担着别人不能承担的风险和阻力，审时度势，相对合理地做出决策判断。

横店地处浙江中部半山区丘陵地带，人多地少，交通不便，原属东阳市农村贫困区。然而，在徐文荣的带领下，经过 20 多年的艰苦奋斗，乡镇企业横店集团从一个小丝厂起家，如今已发展成为拥有总资产达 50 多亿元的全国特大型乡镇企业集团。横店集团自 1995 年把影视产业作为企业的发展战略以来，经过十多年的发展和积累，已经成为国内最大的影片生产基地和亚洲规划最大的影视剧拍摄基地。

横店这样一个交通不便、资源匮乏的山区小镇，在建设圆明新园的构想被披露后，徐文荣这位横店集团的创始人几乎成了众矢之的，有人骂他“商业炒作”，有人骂他“劳民伤财”，还有人骂他是

“商人沾满铜臭味的破坏”。然而徐文荣对于自己的投资眼光很自信，他说：“骂吧。你骂你的，我做我的。反正我照样吃饭，照样睡觉。”就这样，在徐文荣立足长远的发展思想和独特的发展影视产业的战略下，横店奇迹般地成为了“东方好莱坞”。

中国企业的决策者，要有正确的预见，重要的是要形成独特的思想方法，跳出同质化的认识窠臼。要形成独特的思想方法，就要变革观念，变革习惯的思维方式，变革既定的判断标准。这是企业决策者最困难的事。因为变革思维是很艰苦的思想过程，又是非常孤独困惑的过程，被周围的人误解几乎是不可避免的。因此，决策者耳根不能软，不能谁的意见都听，必须要有主见，决策要果断。

以前我在企业做分公司经理，每次向我的主管副总汇报完工作转身就走。现在我当总经理了，我也希望我的下属多跟我聊聊，因为上层决策者的信息比较闭塞，很多小事没人跟你说。老总的辛苦下面的人也体会不到。

孤独是一种力量，会造就一个人从脆弱走向强大。作为企业的决策者，企业家们自己认为是对的事，在企业风险承受范围之内的，就果断去做决定，他人意见只是个参考。决策者是孤独的，这个“孤独”并不是说不需要自己的团队，企业就像一艘船，团队就是船上所有的人，扬帆起锚的是船员，而掌舵的却是决策者，决策便是指南针，和谐的团队加上精准的指南针才能乘风破浪。

我敬佩并欣赏那些孤独的决策者。

# 慎选合作伙伴

做企业一定要慎选合作伙伴。微软的比尔·盖茨和保罗·艾伦就是很好的例子。太平洋建设集团的严介和曾说，做生意有三层境界，第一层是厚道加厚道，第二层是精明加精明，最后一层是精明加厚道。我把它挪用过来了，合作伙伴是按各人喜好选择的。我要选的就是"精明加厚道"的。我们有一个客户，是一家企业集团，规模很大。它就是WAZ集团，比如它的一个下属企业为云南某卷烟厂印刷烟标，一个厂的净利润就是一个亿。它在徐州、湛江、西安、上海等地都有投资。每次我去，老板他大哥都必找我喝酒，每次必喝多，而且每次必说一句话："我弟人太善，不会防人，我得帮他看着。"这么大的一个集团，这么多人，你看得过来么？家庭成员往往有这种心态，或者是打着这个幌子。一定要注意这个事情。

无论是团队还是个人，很多时候我们都渴望有能够和我们一起联手打天下的黄金搭档，但亲密战友是一定要慎重、慎重、再慎重地选择的。慎重是对彼此而言的，并非只针对单方的。一定要符合下面这些前提条件，才可以成为你的亲密战友：其一，他和你一定需要在一个战壕里一起战斗过至少一年；其二，在你没有辜负他的前提下，他对你所说的每一句话他自己都能负责任；其三，他必须是一个实在且能踏实干事的人；其四，他考虑得更多的是你们之间共同的利益（无论是短期的还是长期的），而这个共同利益高于个人利益；其五，关键时刻他没有躲开，更没有出卖你。这五点缺一不可，否则彼此之间的合作是不会长久的。

慎重选择合作伙伴，还要注意一点，就是不要在你的团队里有你家庭成员的影子。别把工作带回家，别和妻子谈工作。无论是你老婆还是你父母或兄弟姐妹，都不可以在以你为核心之一的商业团队里插手太多，因为以你为核心之一的团队接受的是你，而不是你的家庭成员。在你的团队全体成员主动接受并邀请你的家庭成员成为你们团队一员以前，无论你的家庭成员是谁，有多大的本事，或者可以给你们的团队带来多大的帮助，都不能成为你让你的家庭成员成为团队一员的理由。

在浙江大学，我给企业家们讲过二代接班的事儿。我的观点非常明确，就是首先要对企业做甄别，如果民营企业家把企业当成家族资产，当成财产，没有当成企业，那就传给你的子女，不要选职业经理人，选了也待不住；如果当企业，就要知道，企业最终一定是社会的，一定要选职业经理人，如果你的后代有职业经理人素质，那后代也是人选之一。

可见，民营企业未来接班人的选择问题本身就是一代创业者对企业未来的定位问题，只要把这个问题想明白了，那谁来接班的问题也就好办了。这同时也体现了一个企业家的胸怀。希望企业作为一个企业的个体发展下去固然是令人钦佩的，单纯地把企业像家产一样传承下去也是需要勇气的。这并不是说前者的胸怀就大，后者的胸怀就小，无论是作为企业，还是当成家产，都是当前的企业管理者根据目前的形势和企业未来走向所做出的郑重其事的选择，都应该被尊重、被理解。

# 对标、借鉴和自己的节奏

有句老话：同行是对手。其实未必正确，因为同行也是你的合作伙伴，是和你共存共荣的对象。我们不仅要关注同行的缺点和错误，更应该关注同行的长处与优势，因为这才是我们学习的要点。

关注同行，向最好的学习，现在叫对标管理。作为一个企业，我们应该向最好的学。这个最好的并不仅仅限于同行业，其他行业中最好的也是我们学习的对象，这叫作他业借鉴。但是，我们是因为比较而学，不是因为学而比较。假如说，我精力旺盛，你要向我学。学什么？学如何才能精力旺盛，可能是因为我经常锻炼，以及饮食科学。而不是看到我经常熬夜到两点，你也去学，那不累趴下了吗。丰田汽车的利润几乎是全世界汽车厂商的总和，中国很多企业去参观学习，老是问人家怎么做的，最后，丰田的人说，其实你们应该多问问我们为什么这么做。

好的东西肯定是要学的，但是你不要跟得太紧，因为有些东西有它内在的一些规律。这个与长跑中的跟跑策略类似，你必须保持自己的节奏和步调，否则，贸然去跟，有可能把自己拖垮。比如说我是做电器的，我想跟海尔学，因为我和它是同行。我看它国际化做得非常好，而且速度非常快，我也跟着去意大利设厂、去美国设研发中心，这样是不行的，因为我还没有看到它一些内在的东西。毕竟，企业和人都有三六九等。又比如踢足球，本来你是校队的水平，你硬要去国家队，那么用不了两脚就会被踢出来。

七喜知道，如果硬要挑战可口可乐在可乐方面的强势地位，那实在是太困难了，几乎是不可能。它没有硬着头皮在可乐方面去挑战竞争对手，而是把主要精力放在非可乐类饮料方面，一下就抓住了消费者的心理，打出了自己的品牌。非常可乐则采取另外一种战略，它也知道全面挑战可口可乐和百事可乐的优势地位是不现实的，因此大打本土牌，请成龙做品牌代言人，广告宣称“非常可乐，中国人自己的可乐”。非常可乐一下子就在国内获得了可喜的成功。关注同行，这是我们做企业的人必须具备的一种意识、一种心态、一种做法。没有同行给我们施加的外在压力，我们的企业和个人很难有不断成长的动力，社会也很难不断进步。

# 吃别人的堑，长自己的智

吃一堑，不长智，这叫作吃亏；吃一堑，长一智，叫作不亏本；吃别人的堑，长自己的智，这是不用投资就有高回报。德国著名的铁血首相俾斯麦说，从自己的错误中学习的人是傻瓜，从别人的错误中学习才是正道。

有一句老话说，历史会不断重复。马克·吐温说得更逗，叫“历史从不重复，但是她押韵”。我喜欢读《书屋》杂志，大家有时间可以读读。这个杂志非常好，经常有些文章讨论政治，通过历史讨论政治，有点像《万历十五年》。其中有几篇文章，就讲历史会不断重复，会惊人地相似。我印象中有个文艺界的老艺术家，看了其中的某个历史故事，就拍桌子擂大腿，抱着他老伴儿哭，说我早读到这篇文章，我何至于此啊？历史重演啊。所以，读史可以使人明智。

企业也一样，也重复历史，去年出现的问题今年又出现了，今年出现的问题明年还会出现。有些问题是免不了的。这很怪，很多东西你抗拒不了。做人，做事，做企业，全都一样，历史是不断重复的。很多人，很多企业，总是不长记性，不去总结过去，老是重复过去的错误。

为什么我提倡做企业要研究失败？我在前面就提到企业要研究失败，比如柯达、诺基亚等的失败给我们留下了宝贵的财富，我们要感谢这些企业和企业家。很多企业破产倒闭了，我们去研究发现，就是重复了一下失败罢了。你把这些失败的企业研究透了，至少你不会掉到陷阱里去。研究成功你不一定能够成功，研究失败至少你可以避免失败。管理上的很多问题也是一样的。

遗憾的是，人们从历史重学到的唯一教训，就是人们从来不从历史中吸取教训。

# 怎么看“救人于危难”？

常有人说要多做好事，要救人于危难。但是，很多情况下，好心并不一定会有好结果。比如我的一个同学，在各行业都走投无路的情况下，经另一个同学推荐到我这来当副总。我手把手教他，结果他是第一个出去开公司和我对着干的。我好心帮助他，可他呢，反过来和我对着干，好心没有得到好结果。

当然，我们不能因为好心没有得到好报就灰心，从此不再去主动救人于危难。这样做的话，就太过于功利了。

古语说，救什么都别救人。这句话听起来有些消极，但它是有道理的。可怜之人必有可恨之处。有些人，你觉得他可怜，其实好些是自找的。至于那些天生就有残障的人，社会应该对其进行救助。但好些看似可怜的人，其实一点也不值得帮助。比如某些要饭的，是可怜，但也有可恨之处，他年纪不大，四肢健全，干什么都能活着，但他不自强呀。

救人于危难，必须把握好度，要区分情况，要具体情况具体对待。不是每个可怜的人都值得同情，值得你去救助他。你盲目遵循“好心有好报”的老理儿，可能会让你受到巨大伤害。但是，我们也不能因此而因噎废食，采取绝对化的态度对待一切情况。

慈不掌兵，义不行贾，是不是也有这样的含义呢？

# 分清立场冲突和利益冲突

假设你和我各代表一家公司来谈合同。我们经常以不谈了来相互要挟，这是错误的。实际上，咱俩都是为了把合同谈成，只不过双方在价格上有分歧而已，往往是这样的。这一点很重要。

美国前贸易代表巴尔舍夫斯基在中美贸易谈判中曾经这样说过，谈判都是为了得到自己想要的东西，但真正的在于你需要什么，你必需的和你想要的东西其实是不一样的。实际上，我必需的是立场，我想要的是利益。所以，如果你得不到你需要的东西，就意味着达不成协议，直接回家算了，因为立场变了；如果你达到了目标，甚至得到了比自己预想还多的利益，那么每个人都会有所成就，那是利益。中英关于香港问题的谈判，是立场冲突，是主权归还不归还的问题。英国不想归还，我们要归还。所以，邓小平见撒切尔夫人时第一句话就说主权问题是不可以讨论的，那剩下的只有利益冲突，哪天还，无所谓；以什么方式还，那都好说。所以，企业在商业上，大部分是利益冲突，甚至说没有立场冲突。但我们经常把利益冲突当作立场冲突来对待，势不两立，那还做什么生意呀。没有永远的敌人，没有永远的朋友，只有永远的利益。也就是说，立场是一致的，只有利益冲突。

要弄清自己想要什么和需要什么。比如我们公司有很多项目，名利双收，既赚钱又能出名。有些项目图利不图名，比如为地方公司咨询价格高，但是做不出名来，因为它就是个地方公司。为有些公司咨询图名不图钱，比如现在谁比较牛？华为比较牛，华为给我150万元就给你做，本来要200多万，亏点就亏点，亏大发点无所谓。有的无名也无利，可以干啥？可以锻炼队伍，山沟里的小合同也不大，我说，你们几个新来的，水平也不差，闲着也是闲着，搂草打兔子，灭了它（把咨询合同履行完毕）。既不挣钱也不挣名，对不对？还可以有很多组合，你去判断，你到底想干吗，你别见着合同就往死里要价儿，完蛋，或者你见着合同就往死里争，和竞争者比起来，价格低得离谱，最后你就一个廉价的产品/服务供应商。

做企业，做生意，一定要分清你所需要的和你想要的，也要考虑别人所需要的和所想要的。唯有如此，才能不断达成共识，实现你的既定目标。

# 只要不要命，都好商量

假如你遇到抢劫的，要什么都可以，我给你；但是如果要命的话，我就跟你拼了，反正大不了也是一死，而去拼的话，还有存活的可能，有一线生机。只要不要命，一切都好商量，其实说的就是一个底线的问题。

企业也是这样。在做企业的过程中，你会遇到很多问题。你不可能每个问题都去全力对付，没有精力和时间。你应该先判断底线，关系企业生死存亡的大事，绝对不能含糊；然后，先把自己放在悬崖边上，每做一次努力，都离危险远一步。这也是我做企业的一个原则。

如果我判断这件事情最坏的结果就是企业倒闭，那么我每做一次努力，都离倒闭远一步。其他不涉及企业存亡的问题，你就可以不用占用太多的时间和精力。举个例子，海淀税务局曾经找我，说发现了3张假发票，是仁达方略的。当时，我们上下都很紧张，毕竟关系公司存亡呀。后来查明是北京市另一个单位的，是和我们有业务往来的会计师事务所，因为工商要验资，验资需要出报告，所以它有我们全套的印章，这三张发票就是那时弄的。我要报案，财务部门的人说算了，我说这可不行，这是关乎企业生死存亡的大事，一定要处理它。如果只是骗我点钱，那都好说，毕竟不是关系企业生死，只是小事，可以处理，也可以不处理。假发票可不是别的什么小事，工商、税务、公安可以随时因此把我抓起来，可以让我的企业关张。幸好这案子破了，不破的话，我的企业就被关掉了。

又比如公司一个员工坚持要辞职离开公司，而当时签的合同是三年，公司帮他落实了北京市户口。结果不到半年就要走人，如果容许他的话，公司在人力资源方面就会有致命的问题，仁达方略在政府人事政策上会进入黑名单，影响以后的政策落实。我让人力资源部把他的户口打回去。这是关系企业生死的一个方面的大事，我不能含糊，必须打回去，这跟我和他关系好不好没关系，也跟他人品好不好没关系，因为这个事情本身威胁到公司的生存。

只要不触及底线，不涉及原则性问题，一切都是可以商量和变通的。但是，一旦碰到你个人或公司的底线，你就必须毫不含糊地予以反击。

# 避免想在先，做在后，起大早，赶晚集

世界上最有价值的人，是那些能预见未来同时有能力去实现它们的人。但总是有不少人想在先，做在后，起了个大早，赶了个晚集。

我们很多人，聪明，眼光超前，往往一拍大腿说就是，哎呀，我早就想到那个了，可当时我没做。既然你早就预料到了，那你为什么没有做起来呢？我看有的人把丁磊（网易的老板）写成“丁小磊”，这个人肯定心理不正常，典型的酸葡萄心理。有志不在年高。人家成功是有他的道理的。你想得再早没什么用，人家先做了。

想在先，做在后，我们很多企业包括个人都是这样的。好多事我们先想到了，但是没有去做，原因何在？可能是条件不具备，或执行力不够，或资源不够，还有可能是浅尝辄止，等等。

什么是资源不够？就是想得到却做不起。我举一个例子。1993年，我买了一个专利。什么样的专利呢？就是现在大家经常见到的烟嘴。这个专利持有人叫李某，原来国防科工委的，他持有 36 项军工专利。我们后来去开发了，花了很多精力，到了中试阶段，投了大概 30 万元吧，几方面都出了问题。比如，投资方含糊了，从中试到市场，还有很大一段距离，加上又缺少样板，说市场不够，现在谁会花钱买烟嘴啦，等等。总而言之，很多问题都出现了。到了第二年，我看香港《信报》时发现，香港有个老兄，名字我不记得了，他把烟嘴开发出来了。当时，如果按照我们的程序出来，时间会比他早面市两个多月。他的产品是另一个变种，和我们不是一种专利，但是技术思想是一样的。我们没开发出来，香港那个老兄开发出来了，他的那个烟嘴，当年的销售收入高达 3 亿港币。

我们做企业的，一定要避免“想在先，做在后；起大早，赶晚集”。你有了想法可以不说，直接着手做就行了。否则，你满世界嚷嚷，哪还有你下手的机会。记住一句话：想好就动手！

军事上有 40% ~ 50% 的胜算就可以动，然后在运动中继续增加胜算。很多行业占据第一是无比重要的，就是你第一个出来第一个做，或者说你成为第一名是无比重要的。

韩国四大财团之一的 SK，当年他们的社长要求他们全球的办事处都要挂一幅照片，这张照片就是当年慕尼黑奥运会男子百米冠军的照片。因为那年慕尼黑奥运会的百米冠军和亚军同时都破了世界纪录，但是全世界只记住了冠军是谁。

# 事必躬亲危害甚大

在能把握全局的前提下，不必事必躬亲。很多人，尤其是那些做领导的，都有一种习惯，就是无论事情多么小，都要亲自过问，比如经常过问办公场所卫生清理、招待一般客人、公司办公用品领用这样的琐碎小事。

为什么会导致这种情形发生呢？我分析了一下原因，不外乎几点。导致事必躬亲最本质、最核心的原因是内心深处的权力欲望，即中国数千年以来的官本位意识，做官的不舍得放权给下属，他们认为一旦放权，自己的权力就被架空了。事必躬亲的外在原因是有些领导本身是做技术出身的，他们不懂管理，不知道责权体系，还像以前从事技术工作一样，事事要经过自己才放得下心来。

我们给某企业集团做咨询，访谈中得知，有一次，该集团老总正在接见一位官员，这时总经理办公室主任敲门进来，说来了一拨什么什么客人，要请客人吃饭，问老总在哪里吃。这位老总说在哪哪哪请吧。接着，主任又问，那喝什么酒？老总又说，就什么什么酒吧。主任说，老总，还有吩咐吗？老总说，没有了，抓紧安排去吧！主任刚转身，老总喊道，回来，我车里后备箱中还有两瓶酒没开封呐，别忘了带上。这位官员非常震惊，他跟我说，他震惊的不在事情本身，而是在作为集团公司的老总对这件事情的态度。主任拿这些鸡零狗碎的事情请示他，他却不当回事，而且很愉快地回答了这些问题。这个人肯定带不出多厉害的属下。俗话说，强将手下无弱兵。其实未必，要看你怎么个强法，怎么带兵。强将手下很容易出弱兵，如果你越位，就会耕了他人的田，荒了自己的地。

事必躬亲的直接后果是什么?

其一，就是做领导的自己每天都忙碌得要死，根本没有时间静下心来考虑整个公司的全局性问题，这样会导致整个公司的发展危机。忙碌并不说明你干得对，只表明你在做事，做一大堆的事，很可能干得太多了。忙碌使你滥用了最不可逆的两大资源一时间和精力。

其二，就是做下属的得不到锻炼的机会，无法造就一批能独立决策、独当一面的下属。所以，强将手下有弱兵。一旦领导出现意外，整个公司就可能因失去主心骨而濒临瘫痪。另外，你管了下属的事情，下属明明知道你错了，往往也不言声，反正他不用承担责任。总之，追求事必躬亲危害甚大。

无数研究表明，最成功的人并不是那些事必躬亲的工作狂，而是那些懂得自己最需要做什么，并在最短时间内完成它们的人。

在能把握全局的前提下，不要追求事必躬亲。不要把自己搞得没有时间与朋友交流，最要紧的是不要让自己没有时间放松与思考，所以，应该学会让别人去帮你打点生意，处理业务，但是业务的核心部分你自己还必须牢牢把握。

同样，把事情交给别人去做的风险你要考虑清楚并能够预防，以免你把事情交给别人去做以后，你自己又成了一名忙碌的救火队员。记住，消防和救火是有区别的，消防的口号是“预防为主，防消结合”。

# 做要事，而不是急事

要事第一，我们在开始忙碌之前，一定要把问题和工作分成三六九等，然后巧妙地安排完成和解决的顺序，这样不仅能很好地完成，而且能完成得轻松自如，甚至还能拿出很大一部分时间去度假和发展自己的业余爱好。要事第一，抓住牛鼻子，抓住工作中的轻重缓急，不停地寻找并解决最关键的问题，而不是眉毛胡子一把抓。

做要事，而不是急事。事情按照重要性和紧迫性可分成四种：紧急重要，不紧急不重要，重要不紧急，紧急不重要。这个很多管理学都讲了，为什么我还要讲呢？我们经常在耳熟能详的地方摔跟头。比如开车，越是拥挤的路段出状况的概率越小，越是宽马路越容易出车祸，淹死的不往往都是会水的么？越是一马平川，越出事，还出大事。就这么一句话，做要事，而不是急事，很多人在这方面栽跟头。

好多人做事情，总是先做喜欢做的，先做懂的，先做容易的，先做花时间少的，先做资料齐全的，先做已经排定的，先做经过筹划的，先做别人要求的，先做有趣的，都未必是要事。总之，他们不去思考事情的轻重缓急。其实，真正有效的做法是先分清轻重缓急：重要的事情往往不紧急，紧急的事情往往不重要，这可以说是一个普遍规律。要事做完了，急事就少了，甚至没了。

还有，我们做事情最好一次结清，同一类的事情最好一次把它做完。另外，未做过的事在时间和精力方面多加 50%，不熟的多加 25%。我们还要为突发事件预留时间，注意有效授权并确保权责分明。

2003 年 SARS 的时候，大家都受到了影响，很多咨询公司或培训公司，不都不好过吗，那时关门倒闭了一大堆。他们一直认为，什么是第一目标？活下来是第一目标，所以很多公司就裁员，压缩开支，做了很多节流工作。但是，像个王八一样龟缩下来就能过冬？错了，这是急事，不是要事，你不是压缩成本就能活下来，就算你活下来了又能怎么着呢？过了冬天能缓过来吗？你还是死啊，你应该去培养自己抗风险的能力。

无论做什么，一定要和你的价值观相吻合，不可以互相矛盾。注意每一分钟每一秒做最有效率的事情。记住，遵守 20/80 定律，这样你就能比较清楚地分清事情的轻重缓急了，关注要事，而不是关注急事。

做事情一定要明白本和末、轻与重的区别，千万不能干那些本末倒置、轻重不分的事情。只要把自己的目标或者标准界定好了，把要解决的问题按照重要性来做个排列，那么就可以说，这些问题就解决了一半。

# 一分钱难倒英雄汉

以前我讲过一个观点，利润比规模更重要，但是有没有比利润更重要的呢？我在很多场合问过这个问题，回答五花八门，文化，持续经营，品牌，核心竞争力……都离题万里——现金比利润更重要！现金就像人体的血液一样，现金不足等于人没有血液，立刻就死掉了。

俗话说：有钱能使鬼推磨，无钱寸步也难行；人为财死，鸟为食亡。为还店钱，秦琼当锏卖马，真叫作一分钱难倒英雄汉。迫于生计，有人卖血卖肾。当然这都是极端的例子，却足以说明钱的重要。

对于做企业的人来说，钱非常重要，而现金在很大程度上就代表钱。现金不是万能的，可是没有现金是万万不能的。“企业资不抵债不一定破产清算，但如果没有现金流就一定会破产清算。”有位国内知名企业家如是说。

中国社会科学院研究员韩朝华认为，“一个企业，你可以出现亏损，但你不能断了现金流。亏损总是有希望扳回来的，但断了现金流，即使有很多的资产，也可能即刻崩盘。就像一个人，如果你在水里游泳，一口气过不来，可能就憋死你了，抬上来体检，可能各个器官都是健康的，就是差一口气，好好的人就没了。而在医院里，很多人可能多数器官都有各种各样的毛病，但只要有一口气，哪怕是用氧气瓶吊着，他还能继续活下去，甚至我们看到很多植物人，也不就是那口气没断吗？所以，高明的商家，并不是从来没做过亏本的事，而是深知'现金为王'的道理。"

利润固然好，但流动性是要命的事，有利润不一定有现金，正如炒股票，大盘疯涨的时候，很多人其实"只赚指数不赚钱"。

做企业的人，必须关注现金流。一旦有个风吹草动，出现点异常现象，就要加倍小心。否则，你的企业可能因为现金流中断而导致破产倒闭。

# 坚守正确的价值观

无论是做企业，还是做人，一定要坚守正确的价值观。这有两层含义，第一个价值观必须是正确的；第二个才是坚守。两层相对的含义就是价值观不要错，错了坚守就更错。

人格操守，是世界上最伟大的一种力量，是最可靠的事业上的资本。我们在开始做事业时，如果能下一决心，将自己的人格操守当作事业上的资格，做任何事都力求无背于人格，则在日后，即使不能得名得利，但绝不致在事业上失败。反之，一个在中途失掉人格操守的人，却永远不能成就真正伟大的事业。

不是有这么一句话么，“你可以在一时骗所有人，也可以在一世骗部分人，但你不可能一世骗所有人。”现在某些企业的老总自以为很聪明，但其实大家都知道你只是个漂亮的小丑。2014 年我们去某著名的食品企业调研，他们阐述的销售额和销售量对不上号，按照他说的每天进货的销售收入和产量，那么方便面每袋平均到 50 ～ 60 元一袋。按照每天进多少车的小麦的量和他出方便面的量，也对不上。好多行业都是这样，某文化公司说营业收入 2 个亿，有 1 200 人，按照逻辑一算，人均不到 20 万元的营业收入，开工资都不够。

我比较提倡的是“尽责”的价值观，就是负责任，其他的，比如什么诚信、和谐啦，都是在这个价值观基础之上构建的。这个责任，是要对事业、对家庭负责，对自己、对同事、对客户和对社会负责。我觉得，一个人如果把责任担起来，这个人就高尚了，就快成功了。我讲课时，经常讲到有企业提倡员工诚信，那是他根本就不知道这是什么。员工怎么诚信？把本职工作干好就是最大的诚信！

坚守正确的价值观，做企业才能成功。否则，即使一时发了财，到头来还是要落败的。

# 不要用黑白道的规矩去解决商业中的冲突

商业永远是商业，商业是有商业自身的游戏规则存在的。所以，哪怕你确实是黑道人物，也不要随便利用黑道规矩去解决商业冲突。同样，即使你有很好的白道背景与资源，你也不能轻易利用这些资源去解决商业中的冲突！

虽然面对法律有时候会气得牙根发痒，但是，依然要坚持不用黑白道的规矩去解决商业中的冲突。大家都知道建昊集团的董事长袁宝璟，用黑道的手段解决商业纠纷，兄弟三人同时被执行死刑，撇下数十亿家产。这不是太不值得了吗？

不要用黑白道的规矩去解决商业中的冲突，这是我在商海沉浮中得出来的经验和感悟。记住商业永远是商业，它是有自身的游戏规则的。你既然选择了做商人，选择了做企业，那么，你就必须遵守商业中的一切游戏规则，愿赌就得服输！

# 要 懂 法

做人、做企业，一定要懂法。这句话说起来简单，但做起来就不那么容易了。我就是个半法盲，很多时候现学现卖，临时抱佛脚。

沈某是某电子公司的员工。1995 年，沈某在工作中受伤，右手大拇指被截 1.5cm。但是，当时公司并没有为其申请工伤认定。此后，沈某也一直没有向有关行政部门提出工伤认定申请。到了 2014 年，公司经营状况不佳，需要裁减员工，要解除与沈某的劳动合同。这时候，沈某才想起来要求公司就工伤损失进行一次性补偿。但这一要求被公司断然拒绝了。为此，沈某向法院起诉，要求公司赔偿工伤造成的各项损失共 28 万元。

法院认为，因原告已明确选择以人身损害主张赔偿，故原告请求保护民事权利的诉讼时效为一年。法院经审理查明，1995 年 9 月，原告因手指受伤的治疗已经终结，此后再未治疗，故自此时起原告即知道或应当知道其权利受到了侵害。因此，一年的诉讼时效应自 1995 年 9 月算起。最终，因诉讼时效已经届满，法院驳回了原告的诉讼请求。

再说闹得沸沸扬扬的王石这个事儿。万（科）宝（能）之争实际上就是个法律之争，这是极端的例子。据说万科宝能之争，起源于宝能的老板姚振华找了一堆大律师，让律师帮他找万科《公司章程》的漏洞，许诺一小时给一万元人民币。结果律师们找了3条漏洞，姚老板说太值钱了，结果一小时给了一万美元。你不懂法，这是在日常工作、经营、生活中经常出现的情况。据我了解，全文读过《公司法》的老总，百里挑一，有的甚至连自己公司的章程也没有看过，也有不少人跟我说，只有打官司的时候才真正细读自己的公司章程。

不懂法，有可能本来占了一肚子理，结果还吃大亏。

# 企业最终是社会的

作为一个企业家，一定要认识到做企业最终是为社会做的。我现在逐渐发现，我已经不是在为自己工作了，我现在是在为社会工作，我的企业已经是社会的了。因为企业应当是一群人按照一定规则组织起来，为了国家而创造财富！现在可以这么讲：追求社会效益最大化的企业就应当是在为国家创造财富，而不是为企业或是企业中的哪几个人创造财富！许多老板发财之后，仍然殚精竭虑，旁人看来十分不解，何苦呢，真是贪心不足啊！其实真是天大的冤枉。有责任的企业家就像穿上红舞鞋一样，要不停地跳才行，实在是身不由己。企业已发展，员工、供应商、政府、顾客，等等，根本容不得你稍有懈怠。所以很多大老板感叹命苦，这可不是矫情，猪鼻子插葱装象，而确确实实是心里话。

国外信教，在我看来，是有一定道理的。比如富人会这么想：我现在富有，是因为上帝让我暂时代管这些财富罢了，所以我这财富一定要还给社会。而我们现在很多富人却是这么想的：我的财富是我挣下来的，我一定要给我的子孙后代留下来，或者我一定要自己消费掉，最后富不过三代。

还是观念不一样。比如，德国世界杯，我一同学去看球，在德国的一个哥们见了他，高兴得不行，点了一桌子菜，结果没怎么吃。旁边一个德国老太太说，不能这么浪费。他说，这是我的钱，我高兴这样。老太太当即打电话把警察叫来，警察来后就罚款。德国当地的观念是这样的，金钱是个人的，是你个人财物，这没问题；但资源是社会的，你没有权利用你的财物来浪费社会的资源。这种观念在国内还比较少，应该大力提倡。企业也一样。企业看上去是你个人的，但你占用的资源是社会的，你只是资源的占用者之一，你没有权利去浪费资源和过度占有资源。

# 后 记

纸短情长，想跟大家交流的感受很多，若不是因为公务繁忙，我特别想静下来踏踏实实地总结一下，记录我在职场和生意场的所思、所得、所悟，然后分享给大家，但是遗憾的是职业所限，身边总是人来人往的，往往是我刚写几句，思路就被打断，难以连贯，经常是刚想起一个事，准备动笔，一个电话进来，随后就忘掉了。

其实，上面的也都是借口，时间总是有的，就像海绵里的水。懒散和得过且过才是我们真正的敌人。我相信大部分的人都有自己人生的理想，但我也相信很多人最终只是把这些理想变成了幻想，然后不断地为自己寻找不能实现的借口。

这些天奔波于四川、广东、湖北等地，为年底一些咨询项目最终成果汇报站台，也为项目成果把把关，所以就有机会接触公司的一些基层咨询顾问。人一走近，问题就显现。我经常跟他们说这样的话："你的研究生是怎么读的？最起码的研究范式你没学过吗？""你平常都做些什么？不读书吗？""你平常上网都看什么？这些信息你不浏览吗？""你在别的咨询公司就这样做项目吗？"……我想大家可以体会到当时的场景，我愤怒他尴尬。

大家都渴望成功，但是你冷静反思一下，你努力了吗？你付出了吗？你尽力了吗？……太多的人满足于一知半解，满足于得过且过，或者不得其法，盲人瞎马，白白浪费时间和精力。

其实，成功是有公式的。如果你仔细研究成功人士，他们的共性多多，主要就是恒心毅力、虚心好学、广结善缘等。所以，化繁就简，在本书最后，再次跟大家强调两点，并以之共勉：

（1）学习、学习、再学习。想尽一切办法，利用一切手段，珍惜所有可以挤出的时间，学习，学习，再学习！如水中求空气，高学历和雄厚的财力并不是通往成功的捷径，学习能力才是通往成功的阶梯。

（2）认真、认真、再认真。诸事认真，你不但值得信赖，更重要的是你成长的每一步都很坚实。

我现在在绵阳至成都的高铁上，身边很多年轻人都无所事事，最多玩玩手机，只有我一人带了书、报纸和杂志，我不反对他们享受旅行的闲暇，但是我知道他们离自己的目标一定很远。希望他们能读到这本书。

人生百年，弹指一挥间，祝大家成功！祝大家快乐！祝大家幸福！

**图书在版编目（CIP）数据**

格局进化／王吉鹏著．—北京：中国人民大学出版社，2017.3

ISBN 978-7-300-24012-1

Ⅰ.①格…　Ⅱ.①王…　Ⅲ.①管理学　Ⅳ.①C93

中国版本图书馆 CIP 数据核字（2017）第 025124 号

**格局进化**

王吉鹏　著

Geju Jinhua

| | | | |
|---|---|---|---|
| 出版发行 | 中国人民大学出版社 | | |
| 社　址 | 北京中关村大街 31 号 | 邮政编码 | 100080 |
| 电　话 | 010-62511242（总编室） | | 010-62511770（质管部） |
| | 010-82501766（邮购部） | | 010-62514148（门市部） |
| | 010-62515195（发行公司） | | 010-62515275（盗版举报） |
| 网　址 | http://www.crup.com.cn | | |
| 经　销 | 新华书店 | | |
| 印　刷 | 北京宏伟双华印刷有限公司 | | |
| 规　格 | 148 mm × 210 mm　32 开本 | 版　次 | 2017 年 4 月第 1 版 |
| 印　张 | 7 插页 2 | 印　次 | 2023 年 3 月第 3 次印刷 |
| 字　数 | 134 000 | 定　价 | 61.00 元 |